Anna Lopez

Unexpected Circumstance

**Bilingual Spanish Reader for Speakers of English
Intermediate level B2
Audio tracks inclusive**

LANGUAGE
PRACTICE
PUBLISHING

Unexpected Circumstance
by Anna Lopez

Audio tracks: www.lppbooks.com/Spanish/Lopez/En/
Homepage: www.audiolego.com

Graphics: Audiolego Design
Images: Canstockphoto

First edition
Copyright © 2018 Language Practice Publishing
Copyright © 2018 Audiolego

This book is in copyright. Subject to statutory exception and to the provisions of relevant collective licensing agreements, no reproduction of any part may take place without the written permission of Language Practice Publishing.

Table of contents

How to control the playing speed 6

Chapter 1 Forensic science 7

Chapter 2 One more day 13

Chapter 3 Last dinner 19

Chapter 4 The crime scene 25

Chapter 5 The dream 31

Chapter 6 Double killing 37

Chapter 7 Witnesses 44

Chapter 8 Another crime 50

Chapter 9 Ivan 56

Chapter 10 The photo 62

Chapter 11 A 'respectful distance' 68

Chapter 12 A half-truth 74

How to control the playing speed

The book is equipped with the audio tracks. The address of the home page of the book on the Internet, where audio files are available for listening and downloading, is listed at the beginning of the book on the bibliographic description page before the copyright notice.

We recommend using free **VLC media player** to control the playing speed. You can control the playing speed by decreasing or increasing the speed value on the button of the VLC media player's interface.

Android users: After installing VLC media player, click an audio track at the top of a Kapitel or on the home page of the book if you read a paper book. When prompted choose "Open with VLC". If you experience difficulties opening audio tracks with VLC, change default app for music player. Go to Settings→Apps, choose VLC and click "Open by default" or "Set default".

Kindle Fire users: After installing VLC media player, click an audio track at the top of a Kapitel or on the home page of the book if you read a paper book. Complete action using →VLC.

iOS users: After installing VLC media player, copy the link to an audio track at the top of a Kapitel or on the home page of the book if you read a paper book. Paste it into Downloads section of VLC media player. After the download is complete, go to All Files section and start the downloaded audio track.

Windows users: After installing VLC media player, right-click an audio track at the top of a Kapitel or on the home page of the book if you read a paper book. Choose "Open with→VLC media player".

MacOS users: After installing VLC media player, right-click an audio track at the top of a Kapitel or on the home page of the book if you read a paper book, then download it. Right-click the downloaded audio track and choose "Get info". Then in the "Open with" section choose VLC media player. You can enable "Change all" to apply this change to all audio tracks.

La medicina forense siempre ha sido la pasión de Damien Morin. Inspeccionar minuciosamente todas las pruebas para deducir la causa de la muerte, o encontrar aquellos pequeños detalles escondidos tras la sangre y la carnicería. Éste era su último año como estudiante de patologías forenses, y aunque decirlo le hacía sentirse como un creído, no podía negar los hechos: era el primero de su clase con una ventaja enorme.
Damien tenía un ojo para el detalle.

Forensic science has always been a passion for Damien Morin. Delving deep into the evidence to deduce the cause of death, or finding the small details of a crime amidst the blood and carnage. It was now his final year of studying forensic pathology and though it made him feel like an arrogant prick, he could not deny the facts: he was bounds and leaps ahead of his class. Damien had a keen eye for detail—the ones that even other

Aquellos que incluso otros científicos forenses no eran capaces de ver, para él resaltaban como la luz del día. Había crecido en el orfanato de St. Clements en Londres, leyendo y pasando mucho tiempo solo. A los otros niños los adoptaban y él se había ido quedando solo. Hacía amigos y los perdía una vez tras otra, finalmente desarrollando una tendencia solitaria.
Había seis estudiantes alrededor de la escena de un crimen preparado. Un antro lleno de drogas y un maniquí vestido de hippie con varias botellas y jeringuillas a su alrededor. El grupo deambulaba con sus monos de protección y guantes de látex haciendo observaciones. Una figura con traje se movía mucho más lentamente. Inspeccionando con cuidado cada área y escudriñando el cuerpo de cerca, incluso mirando bajo las uñas y siempre, siempre, meticulosamente tomando notas en su portapapeles. Estaba determinado a no pasar por alto ninguna señal que pudiera indicar una causa distinta a la conclusión obvia.
La profesora invitada entró, una tal Doctora Helena Debreu, una investigadora forense líder en la policía metropolitana. Tenía unos cuarenta y llevaba un calzado

forensic scientists overlooked stood out plain as day to him. He had grown up in the London orphanage of St Clements, reading and keeping to himself. The other children were adopted and he was left alone. He had made friends and lost them many times, eventually developing a tendency to keep to himself.

Six students stood around a mock crime scene. A drug den with a dummy dressed up like a hippie, various bottles and syringes lying around him. In coveralls and latex gloves the group roamed, making their observations. One besuited figure moved much more slowly. Carefully checking each area and closely scrutinizing the body, even looking beneath the fingernails and always, always, always making meticulous notes on his clipboard. He was determined not to miss any sign pointing away from the obvious conclusion.

The guest lecturer entered, one Doctor Helena Debreu, a chief forensic investigator for the metropolitan police. She was in her forties and wore sensible shoes and a suit to match, with little jewellery and makeup. A

adecuado con traje a conjunto, pocas joyas y poco maquillaje. Una profesional, como se podía esperar. En cuanto entró, la clase se organizó delante de la escena del crimen de forma diligente. Helena los inspeccionó y leyó las notas de cada uno de los miembros de la clase, parando solamente si había algo particularmente bueno. Durante el procedimiento Helena sólo se paró al lado de Gina Webb, marcando su documento como excelente antes de pedirle que esperase fuera. La chica casi saltó de alegría al salir de la sala. Finalmente se acercó a Damien y paró de nuevo. Al leer se dio cuenta de que él había notado las marcas de inyección entre los dedos, la extraña forma de caer del cuerpo y los múltiples puntos de inyección en los brazos. Igual que Gina, había indicado un asesinato mientras que el resto de la clase había concluido que era una sobredosis accidental. Damien, al salir, vio a Gina muy nerviosa; estaba sentada al lado de la ventana y se frotaba las manos con ansiedad. Se sentó a su lado, tratando de ser lo más modesto posible y sonriendo lo mejor que pudo.

"¿Tú qué has escrito?" le preguntó, intentando no sonar vulgar o desagradable.

professional, as one would expect.

As soon as she entered the class dutifully assembled in front of the crime scene, Helena went down the line and read the clipboards of each of the class members, stopping only if there was a particularly good one. Helena only stopped next to Gina Webb as she proceeded down, marking her paper as excellent before telling her to wait outside. The girl nearly jumped for joy as she left the room. Finally she came to Damien and she stopped again. Reading through she noticed he had spotted the injection marks beneath the fingers, the unusual slump to the body and the multiple injection points on the arms. Like Gina he had pointed to murder, while the rest of the class had concluded accidental overdose. Standing outside he looked over to the nervous Gina; she was sitting by the window and anxiously rubbing her hands. He sat next to her, trying to be as unassuming as possible, and smiled as best he could.

"So what did you put down?" he asked, trying not to sound crass or unpleasant.

She replied quietly "Murder,

Ella contestó en voz baja "Asesinato, el cuerpo estaba posicionado como si lo hubieran tirado, no como si se hubiera desplomado de esa forma al morir. No parecía natural." Ella le miró "¿Y tú?"
"Marcas de inyección bajo las uñas, y obviamente el cuerpo había sido colocado, no desplomado como si se hubiera muerto de sobredosis. Aunque yo no he escrito lo de que no pareciera natural," pausó, "tienes un buen ojo."
Ella sonrió, pero Helena les interrumpió al venir a hablar con ellos, "Muy bien. Casi perfecto, aunque ninguno de los dos ha visto la extraña jeringuilla al lado del cuerpo o la estúpida forma en que el maniquí estaba vestido," paró un momento para mirarles. Ninguno de los dos dijo nada. "Un hippy, ¿a estas alturas, hoy en día? Bueno, los dos os habéis dado cuenta de que era un asesinato. El resto de la clase está limpiando, pero me han llamado de la escena de un asesinato real y me gustaría que vosotros dos vinierais."
Apenas había acabado de hablar cuando Gina soltó súbitamente "Me encantaría."
Damien no respondió de la misma forma. "Lo siento, tengo que trabajar después de la clase, y necesito el

the body was lying as if it was dumped, not as if it had slumped that way organically upon death. It didn't appear natural." She looked up at him "How about you?"
"Injection marks under the fingernails, and the body was obviously dumped, not splayed out like it had died of overdose. Though I didn't mention it looking unnatural," he paused "you have a good eye."
She smiled, but they were cut off as Helena came out to talk to them, "Very good, you two. Almost flawless, though neither of you spotted the strange syringe near the body or the stupid way the dummy was dressed," she paused to look at them both. Neither said anything. "A hippie, in this day and age? Anyway, you both noticed that it was murder. The rest of your class is on clean-up now, but I've been called out to a real murder scene and I'd like for both of you to come."
She had barely finished speaking when Gina blurted "I'd love to."
Damien did not respond in kind. "I'm sorry, I have work after this, and I'm on a tight budget, can't afford to miss it."
"I understand. Well Gina, you can ride with me to

10

dinero, no me puedo permitir faltar."
"Lo entiendo. Bueno Gina, ven conmigo en el coche a la calle Commercial. Quiero que prestes mucha atención pero no toques nada." Helena se marchó con la chica. Damien se sintió un poco decepcionado mientras caminaba hacia su bicicleta, parándose a mirarlas otra vez. Su visión se bloqueó de forma abrupta cuando la clase salió afuera, muchos de ellos con prisas para hacer otras cosas, o de vuelta a sus coches para ir a casa. Fuera del edificio Damien desbloqueó su bicicleta, sin ver los tres hombres que se le acercaban liderados por Gerard Buckler, un compañero de clase. Aunque para Damien era un misterio cómo había podido entrar en el curso, seguramente tenía parientes en algún lugar importante. De golpe le asaltaron y Gerard le dio un puñetazo en el estómago. Liberándose, Damien le devolvió el favor con un guantazo a Gerard en su hombro débil, causando un discreto pero audible crujido. Gerard chillaba mientras Damien se marchaba en su bicicleta, con los otros chicos mirando a su alrededor como si buscaran una forma de escapar. Damien aceleró pensando en el pasado.
El restaurante italiano donde Damien

Commercial Street. I want you to pay close attention but touch nothing." Helena took off with the girl.; Damien noticed a faint flicker of disappointment as he walked away to his bicycle, stopping to look back on them. His view of them was abruptly blocked as the class came out, many of them hurrying on to something else, or back to their cars as they went home.
Outside the building Damien unlocked his bike, not seeing the three men approaching, led by Gerard Buckler, a classmate. Though how he got into the course was a mystery to Damien, he must have relatives somewhere important. All of a sudden they jumped him and Gerard punched him in the stomach. Breaking free, Damien returned the favour by smacking Gerard in his weak shoulder, causing a faint but audible crack. Gerard screamed as Damien rode away, the other guys looking around as if for an escape, and Damien sped away thinking about the past.
The Italian restaurant where Damien worked was fairly stereotypical. A new high class chef had recently turned it around and they were now

trabajaba era bastante estereotípico. Un nuevo chef de clase alta lo había cambiado y ahora recibían clientela mucho más rica; cuando Damien había conseguido el trabajo era un lugar barato donde se podía comer por algo más de diez euros. Ahora tenías suerte si bajaba de treinta. Ya no estaban los manteles baratos a cuadros rojos y blancos, los menús tenían cubierta de piel y el ventilador de techo se había cambiado por un aire acondicionado bastante decente. Todo en el lugar decía a gritos que tenía clase. Tenía un aspecto seductor, incluso si no te lo podías permitir.

El apartamento de Damien estaba al lado, un buen edificio pero no moderno. Daba al callejón entre su edificio y el restaurante así como a la calle de enfrente. Damien no tenía mucho dinero, pero había hecho su casa acogedora. Mientras se ponía la ropa de trabajo escuchó una discusión en el callejón, el chef y un hombre desconocido tenían una riña, y mientras miraba afuera pudo ver una abrigada figura alejarse caminando y el chef sacando un cigarrillo. Lo que sea que fuera ya se había acabado, y Damien tenía que ir a trabajar.

pulling in a much richer clientele; when Damien joined the staff it was a cheap place where you could get a meal for just over ten pounds. Now you were lucky if it was under thirty. Gone were the cheap, red and white checkered tablecloths; the menus were bound in leather, and the ceiling fan had been replaced by a very decent air conditioner. Everything about the place spoke volumes about its class. It looked inviting, even if you couldn't afford it.

Damien's apartment was right next door; a good building, but not modern. It overlooked the alley between his building and the restaurant as well as the road in front. Damien didn't have much money, but he had made his home liveable. As he changed into his work cloths he could hear an argument in the alley, the chef and some unknown man were rowing, and as he peered out he could see a coated figure walk away and the chef pulling out a cigarette. Whatever it was, it was over now, and Damien needed to get to work.

Cuando Damien llegaba escuchó el chef principal al teléfono, algo sobre dinero que no puso entender muy bien. Antonio saludó a Damien cuando llegó; era un hombre alto y delgado que vivía para su trabajo. Le dio a Damien uno de sus conmovedores discursos sobre su trabajo esa noche. Damien miró a su alrededor pero no vio a nadie nuevo, aunque si vio cómo el chef principal estaba mirando mientras Antonio intentaba juntar el personal.

As Damien arrived he could hear the head chef on the phone, something about money he couldn't quite make out. Antonio greeted Damien as he came in—a tall, thin man who lived for his job. He gave one of his 'rousing' head-waiter speeches about their work tonight. Damien looked around but couldn't see anyone new, thought he did see that the head chef was watching while Antonio tried to rally the staff.

13

La noche pasó como cualquier otra. Parejas venían con amigos a los que querían impresionar, incluso algunas venían en su primera cita. Los hombres se sentaban mirando a su alrededor y esforzándose en pensar algo que decir, las mujeres se sentaban de forma incómoda mientras las otras parejas miraban y las juzgaban, los hombres inconscientes de que les observaban. La noche pasaba y la última cosa interesante que ocurrió fue una pedida de matrimonio por una de las últimas parejas en llegar. La chica la rechazó, dijo acerca de no estar preparada para asentarse.

La noche acabó y mientras limpiaban, un detective entró y pasó de largo sin escuchar al camarero principal, de camino a hablar con el chef. Damien lo vio pasar y reconoció al áspero hombre que había visto ese mismo día en el callejón. Era corpulento pero se movía con confianza y buena postura. Continuó hacia la oficina del chef y después de una discusión a voces, se marchó. Al salir llevaba agarrada una gran bolsa. En aquel momento la mayoría del personal se había marchado pero Damien estaba haciendo caja con el camarero jefe. Miró a Antonio esperando una explicación pero éste simplemente

The night proceeded like any other. Couples came in with friends they were trying to impress, and some even came in on first dates. The men sitting there looking around and struggling for something to say, the women sitting awkwardly as the other couples watched and judged, the men oblivious to all the attention. The night progressed and the last interesting thing to happen was a proposal by one of the latecomers. It was declined, something about not being ready to settle down.

The night ended and as they cleaned up a detective entered and brushed past the protesting head waiter and into the back to see the chef. Damien saw him pass, and recognized the rugged man from the alley earlier in the day. He was portly but carried himself with confidence and good posture. He proceeded into the Chefs office and after a storming row, left. On his way out he clutched a large bag. Most of the staff had left by this point but Damien was cashing up with the head waiter. Looking to Antonio for explanation, he simply shook his head. Damien

sacudió la cabeza. Damien sabía que algo raro estaba ocurriendo, probablemente ilegal. ¿Pero si un policía estaba involucrado qué podía hacer él? Así que se marchó diciendo adiós al camarero y al chef. La mañana siguiente Damien se despertó sobresaltado. Había soñado lo mismo otra vez. Una mujer, cuya cara apenas podía reconocer, se alejaba de él llorando por tener que dejarle. Un hombre la acompañaba. Entonces sonaban cinco disparos y ambos desaparecían. Ya había encontrado los informes. Habían habido disparos cerca del orfanato, pero no se había indicado la presencia de personas. Él sabía que ella hubiera podido escaparse del agresor, quienquiera que fuera. Quizás quería protegerle, o quizás era la multitud. Damien había leído y releído todos los informes de aquél día y de la semana siguiente. No se habían declarado mujeres perdidas, y él no podía imaginarse donde quedaba su padre en relación con todo esto. Quizás nunca lo sabría.
Hoy era día libre para Damien, el camarero jefe le había asignado el domingo para que pudiera hacer lo que quisiera, y decidió ir a la biblioteca a leer un poco. Al entrar en la biblioteca vio a Gina bajo la gran

knew something dodgy was going on, possibly something illegal. But if a police officer was in on it what could he do about it? So he left for the night, giving his goodbyes to the waiter and chef as he went. The following morning Damien woke with a start. He had that dream again. A woman whose face he could barely make out was walking away from him, crying as if she didn't want to leave him, a man was with her, five blasts followed and both of them were gone. He had already found the reports, shots fired near the orphanage, but no body was reported. He knew she had escaped the attacker, whoever it was. Maybe she wanted to protect him, or maybe it was the mob. Damien had read and reread all the reports from that day and the week after: no missing women were listed, and he had to wonder where his father was in all this. Perhaps he would never know.
Today was a day off for Damien; he had been put on Sunday by the head waiter so he could do what he liked, and decided to go to the library to do some reading. On entering library he saw Gina beneath its large dome, a dozen books in

cúpula, con una docena de libros enfrente de ella. Estaba al lado de la parada de café y parecía que había pasado la noche despierta. Se acercó, pidió una bebida y dijo hola.
Gina sonrió débilmente "Hola, ¿cómo va?"
Damien respondió lo más animadamente posible: "Parece que la noche ha sido larga, si quieres te dejo que sigas con ello"
"No, lo siento, el caso de anoche no fue muy bien. Creo que hice el ridículo en frente de una docena de policías así que vine aquí para intentar averiguar lo que salió mal."
"Seguro que no fue tan malo" dijo Damien, dando un sorbo a su café.
Ella lo miró directamente a los ojos.
"Confundí un orificio de entrada con un orificio de salida. Los policías se rieron y la Sra. Debreu parecía avergonzada."
"Bueno, quizás sí que es malo. Pero un error tan grande ocurre por estar nervioso. La próxima vez te irá mejor," dio otro sorbo, sin dejar de mirarla a la cara, "ven, hay algo que te alegrará."
Pararon en un puesto de helados; Gina se rio mientras entraban, "Un puesto de helados, ¿cómo lo has sabido?"
"A todo el mundo le gusta el helado."
Se sentaron y comieron juntos,

front of her. She was by the coffee stand, looking like she had been up all night. He went over, ordered a drink and said hello.
Gina smiled a weak smile "Hi, what's up?"
Damien responded as jovially as he could: "You look like you've had a long night, I can leave you to it if you want?"
"No, sorry, the case last night didn't go well. I may have embarrassed myself in front of a dozen policemen last night so I came here to try to figure out where I went wrong."
"I'm sure it wasn't that bad" Damien said, taking a gulp of his coffee.
She looked him dead in the eyes. "I mistook an entrance wound for an exit wound. The policemen laughed, and Ms Debreu looked embarrassed."
"Okay, maybe it is that bad. But a mistake that big's clearly just nerves. You'll do better next time," he took another sip, his eyes not leaving her face, "come on, I know something that'll cheer you up."
They stopped at an ice cream parlour; Gina laughed as they entered, "An ice cream parlour, how did you know?"
"Everyone loves ice cream."
They sat and ate together,

hablando durante horas de ningún tema en particular, sobre intereses y pasiones, acabando la conversación mientras él la acompañaba caminando a casa. Cuando ella se dirigía a la puerta él se giró para marcharse, pero entonces ella volvió, lo giró de golpe y lo besó dejándolo anonadado y feliz mientras ella entraba.

Era casi la medianoche cuando pasó por el restaurante y vio el mismo detective pasando por allí otra vez, pero de camino a otro lugar. Le hizo una foto con su móvil, con hora en la imagen, y otra foto cuando salía cargado con una bolsa.

Definitivamente no era un incidente aislado. Estaba aprovechándose del negocio local para sacar dinero, y se estaba saliendo con la suya. Damien contuvo su rabia. Quizás podría averiguar algo con las fotos.

A las dos de la madrugada estaba durmiendo en su escritorio, con papeles esparcidos a su alrededor y el apartamento casi a oscuras. Aun con un cálido resplandor en la mejilla del beso que le había enviado a un sueño feliz, se despertó a las cuatro cuando algunos vecinos volvían de fiesta haciendo ruido. Con papeles pegados en la cara y aun en el escritorio, se cambió y se fue a la cama aunque primero cerró la ventana. Al cerrarla

talking for hours about nothing at all, interests and passions, finishing as he walked her home. As she went to the door he turned to leave, when she came back and spun him around into a kiss, leaving him dazed and happy as she went back inside.

It was almost midnight when he passed the restaurant and noticed that same Detective passing again, but going into a different place. He took a picture with his phone, time stamping the picture, then again when he came out carrying a bag. It definitely was not an isolated incident. He was shaking the local business down for money, and somehow he was getting away with it. Damien contained his outrage. Maybe he could figure something out with these pictures.

Gone two a.m. he was dozing at his desk, papers strewn around him, his apartment barely lit. Still a warm glow in his cheek from the kiss had sent him into a happy doze, waking at four as some locals came noisily back from a night out. Paper stuck to his face and still at his desk, he changed and went to bed, closing the window as he did so. But as he closed it, he saw

vio algo extraño, tres hombres con traje estaban reunidos con el chef jefe y al acabar la reunión le daban un puñetazo en el estómago, dejándolo con los brazos alrededor de la barriga mientras se alejaban, sin percatarse del testigo más arriba. El chef se levantó y se metió en su coche para irse. Damien iba a hablar con alguien el lunes sobre todo esto, con suerte habría alguien que no protegería el detective o los matones.

something strange – three guys in suits meeting with the head chef, the meeting ending with them punching him in the stomach, leaving him clutching his gut as they walked away, oblivious to the onlooker above. The chef straightened himself up and got into his car to leave. Damien would speak to someone on Monday about all of this; hopefully somebody wouldn't be protecting this Detective or these thugs.

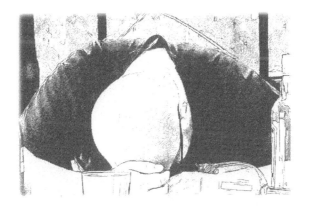

El sueño se repitió otra vez, este vez la mujer corría por el callejón al lado del orfanato, el detective disparaba contra ella. Ella lograba llegar al río pero una bala la alcanzaba en la espalda, y caía sobre la crecida marrón del río. El domingo comenzó con un susto. La alarma sonó fuerte y Damien casi se cae de la cama, una vez más había soñado con su madre mientras la perseguían entre disparos, sus oídos aun oían el pitido como si hubiera estado ahí. Después de vestirse y afeitarse empezó con la faena de su clase teórica forense. A la hora de

The dream came again, this time the woman was running down the alley next to the orphanage, the Detective shooting at her. She made it to the river but was hit in the back, falling into its brown swell. Sunday began with a start. The alarm rang loud and Damien nearly jumped out of his skin; once again he had dreamed of his mother being chased off in a hail of gunfire, his ears ringing as if he were there. Once dressed and shaven he began on his forensic theory class work. By lunchtime he had

comer ya se había cambiado y estaba listo para ir a trabajar. Su turno no era hasta la noche pero estaba obsesionado con no llegar tarde, viviendo tan cerca se sentiría estúpido si llegase a ocurrir.
Antes de ir a trabajar recibió un mensaje de texto de Gina, 'ayr fue GniaL, spro q lo rpitams prnt', abreviado al estilo SMS a los que nunca se había acostumbrado. Él respondió con un simple 'quedamos en la cafetería antes de clase sobre las 8' y se marchó al trabajo, recibiendo en el momento una respuesta simple 'Vle', que lo envió al trabajo con una sonrisa por primera vez en bastante tiempo.
Damien atendía las mesas. Hoy había clientes de más edad, mucho más educados que la gente habitual. Había un padre con su hija en una mesa y parejas mayores en casi todas las otras. A las seis el detective entró y pidió una mesa. Se sentó solo en el cubículo de la esquina y uno de los nuevos camareros le atendió. Era mejor así, más seguro, ya que Damien no confiaba en que pudiera estarse callado.
Fue a casa a cenar barato justo después de las seis, una de las ventajas de vivir tan cerca del trabajo. Tomándose una hora completa

changed and was ready for work. His shift wasn't until the evening again but he was paranoid about being late, living this close he'd would feel foolish being so.
Before going to work he received text from Gina, 'rly NjoyD yday, lets do it agen sumtym' in text speak which he had never gotten the hang of. He responded with a simple 'meet me at the coffee shop before class about 8ish' and set off for work, promptly receiving a simple 'K' reply: sending him to work smiling for the first time in a while.

Damien served the tables. There were older customers today, much politer than the usual crowd. A father and his daughter at one table, elderly couples almost everywhere else. At six the detective came in and requested a table. Sitting in the corner cubicle alone, one of the new waiters served him. It was better that way, safer, as Damien couldn't trust himself not to say anything.
He went home for a cheap dinner just after six, one of the advantages of living so close to work. Taking his full hour he watched the news. The reporter spoke about corruption in the

mientras miraba las noticias. El reportero hablaba sobre corrupción en la policía local, cómo algunos en el cuerpo aceptaban sobornos o dinero para protección, muchos de ellos conectados con el crimen organizado. Damien lo había visto de primera mano, el detective parecía estar aprovechándose de los negocios locales, y probablemente tenía a alguien a quien llamar cuando los negocios se negaban a pagar. Su mente deambulaba, pensando en los días en el orfanato, jugando a ladrones y policías con los otros niños. Pero él no sabía entonces nada de corrupción. Los policías habían sido su ideal de justicia. Al menos los criminales eran más sinceros sobre quiénes eran. Los policías corruptos estaban en ambos bandos, con la gente inocente atrapada de por medio. Pensó otra vez en aquel sueño recurrente. ¿Eran criminales los que perseguían a su madre, o eran policías corruptos que disparaban a alguien que había preguntado demasiado? En cualquier caso, él era un bebé entonces. Lo que soñaba podían ser simplemente fantasías, una forma de explicar lo que había ocurrido con su madre y por qué le había abandonado. Cuando volvía al restaurante empezó una discusión entre el hombre y su

local police, how some in the force were taking bribes or protection money, many of them connected to organized crime. Damien had seen this first hand, the detective seemed to be shaking down the local businesses, and he must have something or someone to call on if the businesses refused to pay.

His mind wandered, thinking back to his days in the orphanage, playing cops and robbers with the other children. Back then he hadn't known about corruption. Cops had been the ideal of justice. At least criminals were true to their nature. Dirty cops were playing both sides, innocent people being caught in the middle. He thought back to the recurring dream. Were the people chasing his mother criminals, or were they dirty cops firing on someone who had gotten too inquisitive? But then again he was only a baby at the time. What he dreamed could just be a fantasy, a way of explaining what happened to his mother and why she abandoned him.

As he got back to the restaurant a row broke out between the man and his daughter,

hija, algo sobre que ella no se tomaba la vida en serio y que él era demasiado viejo para entenderla. Antonio intentó suavizar la situación, logrando causar más rabia aún. Al final la hija se marchó gruñendo y el padre la persiguió. El detective no se movió de su sitio, hablando con otro hombre que parecía aún más sospechoso que él.

Se acercaba el momento de cerrar y la mayoría de clientes se habían marchado, sólo quedaban algunos acabándose los postres o esperando la factura. El detective le había dicho a su camarero que se pirase después de servir la cena, y estaba ahora sentado en su mesa. El otro hombre se había marchado hacía tiempo. De hecho había estado sentado solo durante horas, pero Damien no tenía tiempo para esto en ese momento. Sus últimos clientes habían pagado la factura y era hora de cambiar los manteles y preparar el lugar para la mañana. El chef le gritaba a alguien por teléfono sobre un pedido. El resto del personal de cocina limpiaba las superficies, preparándolo todo para el día siguiente.

Pasó otra hora y casi todo el restaurante estaba listo para el día siguiente. Sólo quedaba el Detective, que aún estaba recostado en su

something about her not taking life seriously, him being too old to understand. Antonio tried to diffuse the situation, just managing to cause even more anger. In the end the daughter left in a huff and the father chased after her. The detective didn't move from his seat, talking with another man who somehow managed to look even shadier than he did.

It was nearing closing time and most of the customers had left, only a few remained finishing off their deserts or waiting for the bill. The detective had told his waiter to scarper once the meal was served, and was sitting alone now in his booth, the other man long gone. In fact he had been sitting alone for hours, but Damien didn't have time for that right now. His last few customers had paid their bill and it was time to change the tablecloths and set up for the morning. The chef was shouting on the phone to somebody about an order. The other kitchen staff members were cleaning the surfaces, setting up for the following day. Another hour passed and most of the restaurant was set up for the following day. Only the Detective remained, still slumped in his seat. As Damien

asiento. Cuando Damien se acercó se dio cuenta de que no venía ningún sonido de la mesa. Ningún sonido de cuchillo en plato, o de sorber una bebida, de moverse en el asiento, nada. Arriesgándose, se acercó al detective para ver si estaba bien. Sus ojos estaban cerrados y su cabeza colgaba como si estuviera dormido, Damien lo tocó y lo notó frio, y cuando levantó la cabeza vio cómo se goteaba sangre de su boca. El detective estaba muerto. Con una servilleta le abrió la chaqueta y reveló un cuchillo de carne que penetraba hasta su corazón. Atascado dentro y girado, como si el asesino hubiera intentando sacarlo pero se hubiera atascado. Damien sabía que no podía contaminar la escena del crimen. Esforzándose por no sembrar el pánico le dijo a Antonio que llamase a la policía, y les dijo a los otros que no se acercasen a la mesa por cualquier motivo. Antonio le preguntó que qué tenía que decir y cuando Damien se lo explicó, el afeminado camarero casi se desmaya aunque consiguió transmitir el mensaje a la policía. El personal esperaba en una de las mesas. Damien esperaba en la puerta a la policía. Cuando llegaron llevó al policía de uniforme a la mesa y le enseñó el

approached he noticed there was no sound coming from the booth. No sound of knife on plate, no sipping of a drink, no shifting in his seat — nothing. Risking it, he went over to the Detective to check on him. His eyes were shut and his head was hanging as if he was asleep, Damien nudged him and he felt cold, and as he raised the head he saw blood trickle from his mouth. The Detective was dead.

Using a napkin he opened the jacket to reveal a steak knife penetrating through his heart. Lodged in there and twisted, as if the killer had tried to remove it but it had become stuck. Damien knew better than to contaminate the crime scene. Trying his best to not cause a panic he told Antonio to call the police, and told the others to avoid the table at all costs. Antonio asked what to say and when Damien explained the somewhat effeminate waiter nearly fainted, but managed to get the message across to the police. The staff waited in one of the booths. Damien stood at the door, waiting for the police. As they arrived he took the uniformed officer to the booth and showed him the body, after radioing it in to dispatch they

23

cuerpo. Después de llamar por radio y enviar el mensaje empezaron a acordonar la escena del crimen mientras el otro policía inspeccionaba el área.
"Tengo otro aquí, con sangre en las manos, parece ser el asesino" gritó el otro policía. Entonces puso cinta también en la entrada del aseo de mujeres.
Cuando llegaron los otros policías empezaron a interrogar al personal y les dejaron ir. Otro detective llegó, un hombre de mirada seria con sinceridad en su rostro. Colgó su abrigo antes de abrir la puerta a la Dra. Helena Debreu, que la saludó con la mano al entrar.
Damien se acercó a los dos "Yo descubrí el cuerpo. Nadie ha tocado nada. Debería estar completamente sin contaminar."
La Dra. Debreu le sonrió. "Parece que al final vas a poder trabajar conmigo en un caso."

began cordoning off the scene of the crime, while the other officer searched the area.

"Got another one in here, blood on his hands, looks like the killer" the other officer shouted out; then taped off the ladies bathroom as well.
Once the other policemen arrived they began questioning the staff and letting them go. Another detective arrived; a severe looking man with an element of honesty in his face. He hung his coat before opening the door for Dr Helena Debreu; who waved to him as she entered.
Damien approached the pair "I discovered the body. Nothing had been touched. It should be completely uncontaminated."
Dr Debreu smiled at him. "Looks like you get to work with me on a case after all."

La doctora le dirigió a la escena del crimen. "Entonces, ¿tú qué ves?" Damien se puso guantes de cirujano para mover la chaqueta y mirar la herida. "Conocía al asaltante. No hay heridas defensivas, y obviamente no esperaba el ataque. El hombre estaba enfadado y le había agredido con el cuchillo que usaba al comer, sabía lo que íbamos a buscar ya que había limpiado el mango. Al asaltante le entró el pánico de tener que dejar el

The doctor led him over to the crime scene. "So what do you see?" Damien put on surgical gloves to move the jacket and look at the wound. "He knew his attacker. No defensive wounds, and he obviously wasn't expecting the attack. The guy was angry and lashed out with the knife he was using with his meal; he knew what we would look for as the handle has been wiped down.

cuchillo dentro, e intentó cuanto pudo para sacarlo sin llamar la atención, girando la cuchilla mientras lo intentaba sacar. Al final su preocupación de ser descubierto le pudo y dejó el cuchillo para poder escapar." Pausó mientras miraba al detective, "El Detective murió muy rápidamente al perder tanta sangre. Casi toda su sangre había formado un charco en la parte trasera de la silla, si pasó por sus pulmones nunca tuvo la oportunidad de gritar, o de sobrevivir."
El detective que estaba allí se quedó impresionado. "¿Y este chico es un estudiante? Muy bien joven, ven conmigo." Mientras le conducía al lavabo de mujeres se presentó como Detective Clive Anderson. "Éste es el asesino. Lo que no podemos averiguar es quién le mató."
Damien se acercó al cuerpo, "No hay heridas de cuchillo, no hay cortes o contusiones, así que fue asesinado por algo invisible. Quizás veneno. El examinador médico tendrá que echarle un vistazo para saber si fue inyectado o ingerido, y cuándo. Esa será la clave de este caso," continuó a su alrededor: "No creo que muriera aquí, su cuerpo está posicionado de una forma extraña. Alguien lo trasladó al lavabo de mujeres desde

The attacker panicked on leaving the knife, and tried as hard as he could without attracting attention, twisting the blade as he tried to get it out. Eventually his worries that he would be discovered won out and he left the knife behind to escape." He paused as he looked at the detective, "The Detective died very quickly as the blood evacuated his body. Almost all of his blood has pooled into the back of this chair, if it went through his lungs he never could have cried out, nor had any chance of survival."
The nearby Detective was impressed. "And this guys a student? Very good young man, come with me." As he led Damien towards the ladies bathroom he introduced himself as Detective Clive Anderson. "This is the killer. What we can't figure out is who killed him."
Damien approached the body. "No knife wounds, no cuts or bruises, so he was killed with something invisible. Maybe poison. The medical examiner would have to take a look at him to figure out whether it was injected or ingested, and when. That'll be the key here," he continued round him: "I don't think he died here; his body is too awkwardly positioned. He

otro lugar. Sería una buena idea buscar huellas en el cuerpo y ver si la persona que lo movió ha dejado marcas."
"Obviamente intentaba escaparse tras el asesinato, y esta no es la mejor ruta de escape, el lavabo de hombres hubiera sido una mejor opción. Da al callejón directamente, que está lo suficientemente apartado para que nadie lo hubiera visto escaparse," dijo Helena mientras hacía fotos del cuerpo.

Anderson garabateó algo en un trozo de papel y lo firmó, dándoselo a Damien: "Lleva esto a la estación y asegúrate de que el sargento en el mostrador te da la documentación temporal. Estás dentro ahora. Vas a ayudarnos a coger a quien sea que hizo esto." Salió de la habitación, volviendo con los otros policías, recogiendo declaraciones de los últimos camareros. Supervisó cómo el cuerpo del Detective era retirado y colocado en la furgoneta del forense, y observó los tres hombres al otro lado de la calle. Intentaban ser lo más discretos posible pero era evidente que querían saber qué había ocurrido. No como todas las otras personas que se congregaban detrás de la cinta de policía, sino al otro lado de la calle, mirando desde la

was moved into the women's bathroom from elsewhere. It may be a good idea to print the body; see if the person who moved him left any marks."
"He obviously meant to escape after the murder, and this isn't the best escape route – the men's room would have been better for that. It looks right out onto the alley, which is secluded enough that no-one would have seen him make his escape," Helena said as she took pictures of the body.

Anderson scrawled something on a bit of paper and signed it, handing it to Damien: "Take this to the station and see the desk sergeant for temporary papers. You're in on this now. You're going to help us catch whoever did this." He left the room, proceeding back to the other officers, getting statements from the last few waiters. He supervised as the body of the fallen Detective was taken out and put into the coroner's van, noting the three men standing across the street, trying to be as discreet as possible but it was obvious they were seeing what had happened. Not like all the people gathered behind the police tape, but across the street, watching from a distance so they had a head start on the police, in case any of them got more than

distancia para tener cierta ventaja con la policía en caso de que a alguno de ellos le picara la curiosidad.
Helena se quedó en la escena del crimen, haciendo fotografías del cuadro del cuerpo después de la retirada de éste. Toda la sangre se había drenado por el asiento pero era poco probable que encontrasen algo inusual.
Damien inspeccionó la cocina, buscando los platos en los que el hombre había comido antes de asesinar al Detective, pero no encontró nada. La Dra. Debreu entró un poco más tarde, viendo como él inspeccionaba meticulosamente cada centímetro de la cocina antes de detenerlo: "Tu amiga lo hizo muy bien en la escena del crimen el viernes. Es una pena que cometiera aquel error tan tonto, pero supongo que los chicos fueron demasiado duros con ella. Sin embargo parece que tú eres capaz de mantener la calma, me aseguraré de que envíen el informe de la policía a tu universidad cuando acabemos. Lo puedes usar con el trabajo de final de carrera."
Damien sonrió mientras inspeccionaba el suelo, "Si los atrapamos, incluso si el Detective

curious.

Helena stood by the crime scene, taking pictures of the bloody tableau once the body had been removed. The seat was drained of blood but it was unlikely they would find anything unusual there.

Damien checked the kitchen, looking for the plates the man had been eating from before he murdered the Detective, but came out empty. Dr Debreu entered after him, watching as he meticulously checked every inch of the kitchen before stopping him: "Your friend was very good at the crime scene on Friday. It was a shame when she made that silly mistake, but I guess the guys were pretty harsh on her. You however seem better able to keep your cool; I'll make sure the police report is released to your university when this is done. You can use it as your final year paper."

Damien smiled as he checked the floors, "As long as we catch them. Even if the Detective was dirty, we still need to catch them."

era corrupto, tenemos que atraparlos."
"¿Por qué crees que era corrupto?" dijo Helena acercándose.
Damien sacó su teléfono y le enseñó las fotos del detective la noche anterior, "Y no era la primera vez. La semana anterior también vino para recoger su parte. Corrupto hasta la médula."
Ella se envió las fotos a su correo, "Me aseguraré de que las registran como pruebas. ¿Tienes alguna idea de quién son esos hombres fuera del restaurante?"
Damien acabó su inspección. "No, ninguna, pero si me preguntasen diría que son mafiosos. Me imagino que alguien tendrá que castigar a los que no pagan, por lo que tendría que tener alguien que pudiera dañar los negocios para hacerles pagar."
"Buen razonamiento. Estoy de acuerdo con que tendría que tener fuerza bruta de su lado, alguien con el que él miraba para otro lado." Ella escribió algo mientras caminaban de vuelta al restaurante.
Damien miró la escena otra vez. Se habían llevado el cuerpo en este momento, habían hecho cientos de fotografías de la escena pero las manchas de sangre aún estaban allí. El Detective había pedido un bistec

"What makes you say he was dirty?" Helena asked moving closer.
Damien pulled out his phone and brought up the pictures of him from the previous night, "That wasn't the first time. He was in here last week too for his take. As crooked as the day is long."
She emailed the pictures to herself, "I'll see that these are entered into evidence. Any idea who those men are outside the restaurant?"
Damien finished his search. "No, none at all, but if I had to guess I'd say they were mobsters. It occurred to me that someone would have to punish those who didn't pay up, so he had to have someone like that to damage the businesses to prove his point."
"Sound reasoning. I agree he had to have some muscle on the side, someone he was looking the other way for." She noted something down as they proceeded back out to the restaurant floor.
Damien looked over the scene again. The body had been removed by this point, a hundred pictures taken of the scene after that, but the bloodstains remained. The Detective had ordered the steak as his meal.

para cenar, el otro no había pedido comida, y a Daniel le parecía que había algo que no acababa de encajar. ¿Cómo podía ser que un policía experimentado fuera acuchillado de una forma tan limpia? Uno habría esperado una pelea, o al menos algunas heridas defensivas.
Por ahora habían acabado. El Detective Anderson llevó a Damien y a Helena en su coche hasta la estación local, y hablaron sobre el caso de camino. El detective se mostraba más amistoso con Damien mientras iban hablando, olvidándose rápidamente de que su nuevo investigador forense aún era un estudiante, centrándose en sus habilidades e instintos.
El Detective fallecido había sido vigilado durante un tiempo, asuntos internos estaba investigando su corrupción pero habían encontrado muchos obstáculos. A la policía no le gustaba investigar a los suyos, y los de arriba solían atrasarlo por la imagen que podía dar al público.
Se habían olvidado de lo que ya estaba haciendo al público...

there was no food on the other man's order, and something about it just didn't make sense to Damien. How did an experienced officer get stabbed so cleanly? You would expect a struggle, or at least some defensive wounds.

For now they were done here. Detective Anderson took both Damien and Helena in his car back to the local station, and they discussed the case while they drove. The detective warmed up to Damien as they proceeded, getting over the student status of his new forensic investigator quickly, focusing on his abilities and instincts.

The deceased Detective had been under surveillance for a while, internal affairs were investigating his corruption but there was a lot in their way. The police didn't like investigating their own, the higher ups tended to slow it down because of how it would look to the public.
They forgot what it was already doing to the public...

El edificio de la estación era un bloque de hormigón gris, con habitaciones y garajes añadidos que crecían de éste como percebes. Por dentro era color beis. Todo beis, menos alguna mancha de café o algún muro sucio ocasional. La oficina central donde los detectives se reunían estaba vacía, a excepción de algunos pocos policías que trabajaban de noche. Las oficinas de los detectives estaban separadas por ventanas de

The station was a grey slab of a building, added rooms and garages growing from it like barnacles. Inside, beige. Everything beige, bar the occasional coffee-stain or grubby wall. The central office where the detectives congregated was empty, apart from a few officers working a late night. Glass windows separated the detective's offices, lamps and flickering

vidrio, con lámparas y luces parpadeantes iluminando la sala, los papeles se apilaban peligrosamente en la mayoría de escritorios, aunque algunos todavía tenían algún tipo de organización.

El sargento miró al detective mientras pasaba por al lado de su mesa, con las cejas levantadas y confuso, pero al final le dio un pase de consultor a Damien y le permitió entrar en la estación. En la entrada sólo se veían los policías de noche, hablando mientras llevaban a un borracho a la celda. Aparte de eso la estación estaba vacía y en silencio, el sargento se estiraba en su asiento haciendo el crucigrama en un periódico.

Las fotos, las declaraciones de los testigos y la lista de pruebas les esperaban en la mesa central para ser utilizados. Entonces Damien y Anderson prepararon el tablero de cristal con los hechos que sabían del caso. Tres secciones: TESTIGOS. SOSPECHOSOS. MOTIVOS. Los testigos estaban enumerados en el lado izquierdo, con el chef y camarero principales colocados por separado como sospechosos. Las pruebas de corrupción estaban colocadas más a la derecha bajo la etiqueta de motivos. Una línea las enlazaba con los dos sospechosos, ya que ambos hombres

lights lit the room, papers were piled haphazardly on most of the desks, though some retained a kind of organization.

The desk sergeant looked at the detective as he passed the desk, his eyebrows raised in puzzlement, but he eventually handed over the consultant pass to Damien and allowed him into the station. In the lobby only the night police could be seen, chatting as they took a drunk to lockup. Otherwise the station was empty and quiet, the desk sergeant sitting back with his paper filling out the crossword. Pictures, witness statements and the evidence list were all waiting on the central desk to be put to use, so Damien and Anderson began setting up the glass board with known facts from the case. Three sections: WITNESSES. SUSPECTS. MOTIVE. The witnesses were listed on the left hand side, the head chef and head waiter placed separately as suspects. The evidence of corruption was placed on the far right under the motive banner. A line linked this to the two suspects, both having reason to kill the men as both were invested in the

tenían razones para haber matado a los hombres por haber invertido en el restaurante. Finalmente se colocaron las fotos de las escenas del crimen de ambos asesinatos separadas en otro tablero. Las observaciones de ambos investigadores forenses se colocaron al lado de cada grupo de fotos. Finalmente lograron sentarse y mirar las pruebas, demacrados y exhaustos, bebiendo el terrible café de una máquina cercana. Aunque nadie estaba más cansado que Damien ya que había trabajado el día entero antes de venir con la policía. Pero ahora no tenía tiempo para descansar.

En el depósito de cadáveres Helena y un técnico estaban ocupados con los aspectos más espantosos de la investigación, abriendo el estómago del segundo hombre, vaciándolo para identificar lo que había comido y lo que le había envenenado. Se le sacó sangre y ésta se preparó para ir al laboratorio y que se examinase el contenido más detalladamente. También examinaron el cuerpo meticulosamente buscando puntos de inyección o algo que pudiera haberle causado la muerte o que pudiera identificar al hombre.

Durante la siguiente hora no dijeron mucho, Anderson y Damien reposaban en la mesa delante del

restaurant. Finally crime scene photos of both murders were placed separately on another board: the observations of both forensic investigators were placed by each set of photos.

Finally they all managed to sit back and look at the evidence, drinking the terrible coffee from the nearby machine, haggard and worn out. None more so than Damien who had worked a full day before coming there. But there was no time to rest now.

In the morgue Helena and a lab tech were busy with the more gruesome aspects of the investigation, opening the stomach of the second man, emptying it to identify what he had eaten and what poisoned him. Blood was drawn and packaged to go to the lab and the contents examined for further detail. The body was also thoroughly examined for injection points or anything that could have led to the man's death or could lead to the man's identity.

Not much was said over the next hour. Anderson and Damien leant on a table in front of the evidence board thinking, propped up by caffeine. The morning promised

tablero de pruebas pensando, impulsados por la cafeína. Sin embargo, la mañana prometió más. Los testigos vinieron y dieron declaraciones más detalladas. Damien pudo ver como se hacía y escuchó sus respuestas y excusas. Al final Helena tuvo que venir a decirles a los dos hombres que se fueran a casa a dormir. No iban a lograr nada esta noche y ella tendría los resultados del laboratorio listos por la mañana. El detective llevó en su coche a Damien y finalmente se derrumbó en su cama, poniendo una alarma para cinco horas después, antes de finalmente quedarse dormido.

El sueño empezó con niebla, todo blanco y negro y borroso. El trasfondo estaba lleno de niebla y era difícil de ver. Él pensó que estaba en la calle cerca de su antiguo orfanato, y podía ver su madre en la distancia. Corrió hacia ella, pero ella corría en dirección contraria. Intentó correr más pero no pudo alcanzarla. Le entró el pánico. Tenía que alcanzarla, no podía explicar por qué, pero corrió lo más rápido que pudo hacia ella. Su mano intentaba coger una pistola, no estaba pensando en lo que hacía. Sacó la pistola y disparó hacia ella. Ella había dejado caer algo cerca del orfanato pero no importaba. Lo que importaba

more, however. Witnesses came in and gave more thorough statements. Damien got to see how it was done and listen to their answers and excuses. It finally took Helena to come in and tell the two men to go home and get some sleep. Nothing was going to be accomplished tonight and she would have lab results for them in the morning. Damien hitched a ride with the detective and finally collapsed in his bed, setting his alarm for five hours' time before he finally managed to drift off to sleep.

The dream began in a haze, everything black and white and fuzzy. The foreground was foggy and difficult to make out. He thought he was on the street near his old orphanage, and he could make out his mother in the distance. He ran towards her, but she was running away. He ran harder but couldn't catch up. Panic set in. He needed to catch her, he couldn't explain why, but he put all his speed forward as he ran to her. His hand reaching for a weapon, he wasn't thinking anymore. He pulled out the weapon and fired after her. She had dropped something near the orphanage, but that didn't matter. All that mattered was

es que iba a alcanzarla. Podía oír a un bebé llorando tras él, de golpe sintiendo un espasmo de duda. Disparar una madre parecía algo malo. Pero el dinero era algo tan bueno... así que continuó corriendo, dejando el bebé atrás. Finalmente la alcanzó en la orilla del agua, sacó su pistola y disparó otra vez. De pronto Damien se despertó del susto. El sueño había sido intenso, pero había podido escuchar la alarma. Apenas podía evaluar lo que había soñado. Había parecido tan real... Se lavó la cara en la pila y se duchó para dejar que todo se escurriera.

Apenas tenía una hora para reunirse con Gina, y entonces tenía que ir a la estación de policía y seguir con el caso. Apenas sin haber dormido se dirigió a la cafetería.

Se sentó en la ventana con un café con leche calentándole las manos y esperó a Gina. Al verla aparecer por la calle, su corazón empezó a latir más rápidamente. Al final ella llegó y se sentaron juntos. Ella le escuchó silenciosamente mientras él le explicaba el asesinato en el restaurante.

"¿Así que estás participando en la investigación de un asesinato importante? Vaya, ¡ojalá pudiera estar ahí!" Gina dijo y bebió un poco de

catching her. He could hear a baby crying behind him, a sudden pang of doubt. Shooting a mother seemed wrong. The money seemed so right, so he kept running, leaving the crying far behind. Finally he caught up to her by the waterfront, pulled out his weapon again and fired.

Suddenly Damien woke up panting. The dream was intense, but he could hear his alarm going off. He could barely take stock of what he had dreamt. It had felt so real; he washed his face in the sink and took a shower to let it all wash away.

He barely had an hour to meet up with Gina, and then he had to go to the police station and carry on with the case. With barely any sleep he set off to the café.

Sitting by the window, latte warming his hands he waited for Gina. Seeing her appear down the street, his heart began to beat faster. Eventually she arrived and they sat together. As he filled her in on the murder at the restaurant, she listened silently.

"So you're participating in a major murder investigation? Wow, I wish I was there!" Gina said as she sipped her coffee.

35

café.

"Tengo que volver en una hora. Estoy viendo los interrogatorios y las declaraciones de testigos, y entonces tengo que ir a ver Helena sobre los resultados del análisis de toxinas. Va a ser un día completo."

"Aquí estoy, a punto de ir a una excitante clase de procedimientos de laboratorio y tú te la vas a perder porque eres testigo de un asesinato," sonrió. "Qué cruel es el mundo en qué vivimos."

"¿Quieres que nos veamos más tarde? Te lo puedo explicar todo."

Por un momento se sorprendió, "Claro, pásate luego por mi casa y podemos compartir apuntes. Pero envíame un mensaje primero."

Damien casi dio una voltereta cuando ella le dijo que sí. Se dirigió a la estación de policía con una gran sonrisa en la cara, lo que de pronto pareció inapropiado al entrar.

"I've got to be there in an hour. I'm watching interrogations and witness statements, and then I've got to go down and see Helena about results from the tox screen. It's going to be a full day."

"Here I am, about to have an exciting lecture on lab procedure, and you get to miss it because you were a witness to a murder," she smiled.

"What a cruel world we live in."

"Do you want to meet up later? I can tell you all about it."

She seemed surprised for a moment, "Sure, come over to my place and we can share notes. Send me a text first though."

Damien nearly did a somersault when she said yes, proceeding to the police station with a huge grin across his face, which suddenly seemed inappropriate when he stepped inside.

36

La estación era un bullicio de actividad. El Detective Anderson ya estaba en su oficina discutiendo con un hombre negro autoritario, y algunos de los otros Detectives pararon y comprobaron la identificación de Damien antes de continuar con sus asuntos. Le obligaron a esperar al lado del tablero de pruebas mientras esperaba a Anderson. Otro policía, Caroline Hertz si no recordaba mal, le trajo

The station was a bustle of activity. Detective Anderson was already in his office arguing with an authoritative black man, and a few of the other Detectives stopped and checked Damien's ID before continuing with whatever they were doing. He was forced to stand by the evidence board while he waited for Anderson. Another officer, Caroline Hertz if he remembered correctly, brought him a cup of

una taza de café, y revisaron las pruebas otra vez poniéndola al día.

Al final Damien se atrevió a preguntar "¿Quién es el que está con Anderson?"

"El Director Gerard Haskinn," dijo Hertz, "No le gusta que te hayan asignado a este caso. Anderson te está defendiendo. Yo si fuera tú le guardaría una taza de café, lleva ya media hora discutiendo desde que llegó hace media hora."

Damien miraba cómo el Director desistió y se marchó de la oficina, frunciendo el ceño al pasar por su lado. Damien entró por la puerta y al ver al Detective cansado y estirado en su silla le dio el café. Anderson cogió la taza y se tragó el café tibio, pero apenas tuvo tiempo de abrir la boca para agradecer a Damien, un policía en uniforme llamó a la puerta y le pasó un documento.

Al leer el documento Anderson dijo, "Ya tenemos los resultados del laboratorio, había cianuro de potasio en la comida. Estaba muerto en cuestión de minutos. Probablemente se habría desplomado en la estación de recogida del restaurante. Debe haber sido una dosis fuerte ya que normalmente mata más lentamente, pero aparentemente este antiguo veneno fue la causa."

coffee, and they went over the evidence again bringing her up to speed.

Damien finally found the nerve to ask "Who is that with Anderson?"

"Chief Gerard Haskin," Officer Hertz replied, "He isn't happy you were brought in on this case. Anderson's in there fighting for you. I'd save him a cup of coffee if I were you, he's been arguing since he came in half an hour ago".

Damien watched as the chief gave in and left the office, scowling as he passed him. Damien stepped in through the open door and seeing the spent Detective sprawled in his chair passed over the coffee. Anderson picked up the cup and downed the lukewarm coffee, but barely had time to open his mouth to thank Damien before a uniformed officer knocked on the door and passing over a file. Reading the file Anderson spoke, "Lab results are back, potassium cyanide placed in the food. He was dead in minutes. He would have collapsed by the pickup station in the restaurant. It must have been a powerful dose because it normally kills slowly, but apparently this old school poison was the cause."

"Yes, because he would have had

"Sí, si no, hubiera tenido tiempo de hacer algo para impedirlo." Continuó Damien, "Los síntomas normalmente incluyen debilidad general, confusión, comportamiento extraño, adormecimiento excesivo..."

"Hombre, ¡ahórrate la lección chaval!" le interrumpió Anderson, "Que no estás en clase ahora. Ya te entendemos, alguien se habría dado cuenta."

"a menos que estuviera sentado durante la mayoría de síntomas y sólo se hubiera levantado en la etapa final para escapar." Añadió Damien, un poco avergonzado.

Anderson asintió, "Claro, sus síntomas podrían haber empezado antes de llegar al restaurante, lo que significa que alguien de afuera lo mató y lo envió a matar a Rogers. No podemos descartar el personal pero creo que tiene más sentido que alguien lo matase antes de llegar al restaurante, quizás incluso con su consentimiento y lo envió en una misión suicida."

"¿Su nombre era Rogers?"

"¿Te suena de algo?"

"No. Voy a bajar y pedir a la Dra. Debreu que compruebe el tiempo de la muerte, a menos que ya lo haya hecho," dijo Damien mientras

time to do something about it otherwise." Damien followed, "Symptoms normally include general weakness, confusion, bizarre behavior, excessive sleepiness..."

"Whoa, save the list rookie!" interrupted Anderson, "You're not in the classroom now. We get what you're saying, someone would have noticed."

"Unless he sat down through most of the symptoms and only at the final stages got up to escape." Damien added, slightly embarrassed.

Anderson nodded "Sure, his symptoms may have started before he even came into the restaurant, which means someone outside killed him then sent him to kill Rogers. We can't rule out the staff but I think it makes much more sense that someone killed him before he came to the restaurant; maybe even with his knowledge, sent him on a suicide run."

"His name was Rogers?"

"Mean anything to you?"

"No. I'll go down and get Dr. Debreu to check on the timeframe, unless she already has," Damien said as Anderson picked up another report.

Anderson cogía otro informe. En el depósito, la Dra. Debreu inspeccionaba el cuerpo de otro hombre que habían traído la noche anterior. Damien se apartó un poco al ver que la mujer estaba metida hasta el codo en el estómago del hombre. Aunque hubiera visto muchas cirugías y preparaciones de cadáveres, nunca se había acostumbrado. Al ver los muertos completamente abiertos y desnudos, su mente nunca le permitía tratarlo como algo normal. Sólo podía apagar la sensación en el las escenas del crimen, lo que no era algo ideal para un investigador forense real, pero ese nunca había sido su plan. Él planeaba unirse a la policía como agente, hacer los dos años obligatorios en uniforme y entonces hacer el examen de detective, al menos ese era el objetivo.

"¿Qué puedo hacer por usted Sr. Morin?" dijo Debreu al sacar sus manos sangrientas del cadáver y lavarlas.

"Anderson y yo hemos pensado algo. ¿Ha comprobado cuánto tiempo estuvo el cianuro de potasio dentro del cuerpo de la víctima?" dijo Damien, intentando no sonar demasiado como un sabelotodo.

"Sí, los resultados deben estar por

In the morgue, Dr. Debreu was checking the body of another man who was brought in last night. Damien recoiled as he saw that she was almost elbow deep in the man's stomach. As much has he had seen of surgery and body preparation, he had never gotten used to it – seeing the dead all opened up and bare, his mind would never allow him to treat it as normal. He could just about switch it off in the field – not ideal for a pure forensic investigator, but that had never been his plan. He had planned on joining the Police as an constable, do the mandatory two years in uniform and then take the detectives exam; at least that had become the end goal.

"What can I do for you Mr. Morin?" Debreu said as she took her bloody hands out of the corpse and washed them.

"Anderson and I had a thought. Have you checked the duration that the potassium cyanide was in the victims system?" Damien asked, trying not to sound too much like a smart-ass.

"Yes, the results should be here somewhere." Looking over her

alguna parte." Al mirar por su escritorio sacó el documento. "Adjunté esto en el documento que envié a la oficina de arriba. El cianuro estaba en su cuerpo tres horas antes de la muerte. Lo cual es antes de que entrase en el restaurante."

Damien cogió el documento y volvió a la oficina de Anderson, cerrando la puerta tras él al entrar. "El cianuro estaba en su cuerpo tres horas antes de morir, y esto estaba en el documento que recibimos, ¿por qué no nos ha llegado?"

Anderson miró el documento otra vez y no lo encontró. "Algunos de los compatriotas de Rogers deben estar en esta estación, probablemente tratando de retrasar la investigación mientras se esconden del escrutinio. Quiero que vayas al Director Haskin y se lo expliques. Intentaré encontrar al policía que trajo el documento."

La oficina del Director Haskin estaba un piso más arriba que el de los detectives. Una secretaria de mediana edad estaba sentada fuera. El director estaba dentro al teléfono. Por un momento la secretaria le miró, examinando de cerca su identificación antes de decirle que entrase y seguir escribiendo. El director le señaló una silla cercana y

desk she pulled out the file. "I did attach this to the document I sent up. The cyanide was in his system three hours before his death. That's before he could have entered the restaurant."

Damien took the document and returned to Anderson's office, shutting the door behind him as he entered. "The cyanide was in his system three hours before he died, and this was in the file we received, why didn't we get it?" Anderson looked through the file again and found nothing. "Some of Rogers compatriots must be in this station, probably trying to slow the investigation down while they hide themselves from scrutiny. I want you to go to Chief Haskin and tell him about this. I'll see if I can find the officer who brought up the file."

Chief Haskin's office was a floor up from the Detectives'. A middle aged secretary sat outside. The Chief was inside on the phone. For a brief moment the secretary looked him over, closely scrutinizing the ID before she motioned him to go inside and returned to her typing. The chief pointed to the nearby chair and toned down his voice to the person on the phone.

41

bajó la voz con la persona al teléfono.

Damien miró alrededor por la apagada oficina, el mobiliario era el típico de un edificio del gobierno: cojines marrones y patas negras picadas. El escritorio parecía de contrachapado y era poco probable que la ventana tuviera doble vidrio. El director había intentado personalizar la oficina, colocando fotos de familia y trofeos por la sala. Su silla era de piel y casi seguro que la había traído de casa. El director claramente valoraba el confort y estaba orgulloso de su pasado.

Al final Haskin colgó el teléfono. "¿Qué puedo hacer por usted Sr. Morin? Estoy muy ocupado y no tenemos tiempo para cuidar de estudiantes."

Damien respondió rápidamente, "Hemos recibido el informe del Laboratorio pero alguien ha retirado un documento importante antes de que llegase a la oficina de Anderson. Ahora está intentando encontrar al mensajero, creíamos que usted debería saberlo."

Haskin se sentó un momento. "Quizás resulta que usted no es el problema," murmuró antes de girarse hacia Damien, "Dígale a Anderson que lo persiga a donde sea que lleve,

Damien looked around the drab office; the furniture was typical for a government building: brown cushions and chipped black legs. The desk looked like plywood and it was unlikely the window was double glazed. The chief had done his best to personalize the office, placing family pictures and trophies about the room. His chair was leather and almost certainly brought from home. The chief was clearly a man who valued his comfort, and was proud of his past.

Finally Haskin put the phone down. "What can I do for you Mr. Morin? I'm very busy and we don't have time for babysitting students."

Damien responded quickly, "We received the Lab report but an important document was removed before it got to Anderson's office. He's chasing down the courier now; we thought you needed to know."

Haskin sat for a moment. "Maybe you're not the problem after all," he muttered before turning to Damien, "Tell Anderson to follow this wherever it leads, I will not have corruption in this station!

¡no quiero corrupción en esta
estación! Puede retirarse, Sr. Morin."
Dismissed, Mr. Morin."

En el piso de abajo Anderson estaba con un par de testigos del restaurante. Cuando Damien entró un hombre y una mujer estaban sentados al otro lado de la mesa del detective. Él abrió un fichero y se puso a trabajar.
"¿Así que ustedes estaban sentados en la mesa al lado de la del detective?" preguntó Anderson lo más educadamente posible, mirando

Downstairs Anderson was in with a pair of witnesses from the restaurant. As Damien entered a man and woman were seated across the table from the detective. He opened a file and got to work.
"So you were sitting in the booth adjacent to the detective?" Anderson asked as politely as possible, looking at the file. The man responded: "Yeah, we

el fichero.
El hombre respondió: "Sí, estábamos celebrando nuestro aniversario, pero no vimos al detective hasta mucho más tarde cuando Eve fue al lavabo."
"¿Se acuerda de qué hora era?"
Eve habló, "Creo que era sobre las ocho y media, pero no estoy segura. El detective estaba hablando con otro hombre. Parecía bastante sospechoso pero no presté mucha atención."
Su marido continuó, "Yo escuché algo sobre las nueve, estaban discutiendo pero el detective intentaba decirle que bajase la voz, que tenía de que dejar de actuar como un loco. Después de eso la cosa se calmó. Nos marchamos a las nueve y cuarto así que eso es todo lo que sabemos."
El detective les agradeció las declaraciones y dejó a la pareja marcharse. Le indicó a Damien que entrase, y se sentaron uno enfrente del otro.
"Así que tenemos entre las nueve y las nueve y cuarto como la hora de la muerte. Parece que también es la hora a la que el cianuro empezó a actuar. Pero aún no sabemos quién ha podido matar al otro hombre..."
Damien habló. "¿Qué tal si miramos los ficheros de los casos recientes del detective Rogers? Quizás podemos

were celebrating our anniversary, but we didn't notice the detective until much later when Eve went to the bathroom."
"Do you remember what time that was?"
Eve spoke up, "I think it was around eight-thirty, but I'm not sure. The detective was talking to another man. He looked quite shady but I wasn't really paying attention."
Her husband continued, "I did hear something around nine, they were arguing but the detective was trying to tell him to keep it down, said he should stop acting crazy. After that it went quiet. We left at about quarter past so that's all we know."
The detective thanked them and let the couple go. He motioned for Damien to come in, and they sat opposite each-other.

"So we have between nine and a quarter past as the time of death. Looks like that was about the same time the cyanide started to kick in too. But we still don't know who could have killed the other man..."
Damien spoke. "What about any of detective Rogers' recent case files? Maybe we'll find a lead there."

encontrar alguna pista ahí."
"Iremos esta tarde a ver qué encontramos, pero por ahora tenemos otros seis testigos para interrogar. Tengo la sensación de que el camarero jefe sabe algo."
Las siguientes cinco entrevistas fueron más de lo mismo. Algunas parejas vieron al detective discutir con el otro hombre, algunas vieron al hombre levantarse y caminar 'como si estuviera borracho' hasta el lavabo. La mayoría confesaron que habían evitado el lavabo por esa razón, no querían entrar y encontrarse con el hombre borracho, especialmente con una apariencia tan arisca. Aparentemente todos habían sospechado que los dos hacían algo ilegal, especialmente cuando el otro hombre se había inclinado para coger algo de la chaqueta del detective. Cuando les dijeron que ese era el momento en el que el detective había muerto parecían sorprendidos de que el detective no se hubiera defendido, que si hubiera visto venir un cuchillo no hubiera hecho algo para protegerse.
Después Damien volvió al depósito. Tenían razón, ¿por qué no se había defendido el detective de su asesino? Tenía que haber habido algo en su cuerpo que le había impedido

"We'll go this afternoon and see what we can find, but for now we have six other witnesses to question. I have a feeling that the head waiter knows something."
The following five interviews went pretty much the same. Some of the couples saw the detective arguing with the other man, some saw the man get up and 'drunkenly' walk towards the bathroom. Most confessed that they avoided the bathroom for that very reason: they didn't want to walk in on a drunken man's business, especially one so rough looking. Apparently they had all suspected the two of something illegal, especially when the other man leaned over to get something from the detective's jacket. When they were told that this was the moment the detective died they seemed surprised that the detective hadn't put up a struggle, that if he had seen a knife coming he would have done something to protect himself.
After this Damien went back down to the morgue. They were right, why didn't the detective put up a struggle against his killer? There must have been something in his system that made him either open to attack

protegerse o que lo mató antes de ser acuchillado. Si no, no tenía sentido. Se encontró con Helena que salía del depósito, y al entrar los dos otra vez le explicó sus sospechas. Ella le entregó el archivo que llevaba encima. "Estaba muerto antes de que le apuñalasen. Hay rastros de arsénico en su cuerpo. Tuve que hacer las pruebas dos veces para estar absolutamente segura pero definitivamente es lo que le mató. Le tuvieron que envenenar en el restaurante. Esto actúa muy rápido." Damien se lo agradeció y se marchó, volviendo a Anderson con las noticias. A Anderson casi le explota una vena. Ahora todo el personal de cocina y el camarero de la mesa entraban en escena para el asesinato; cualquiera podía haber colocado el veneno en la comida o bebida de Roger. Podía tener entre manos múltiples asesinos, o uno con acceso a diferentes venenos. En vez de eliminar sospechosos habían añadido un equipo entero a la lista y aún faltaban cosas por determinar.

El último testigo era el camarero jefe. El italiano se sentó solo en la sala frotándose las manos de forma nerviosa mientras esperaba que alguien entrase. Anderson y Damien

or dead before the knife struck him. Otherwise it just didn't make any sense.
He bumped into Helena as she was exiting the morgue, and as they went back inside he told her of his suspicions. She handed him the file she had been carrying.
"He was dead before he was stabbed. There are traces of arsenic in his system. I had to run the tests twice to be absolutely sure but this is definitely what killed him. He would have been poisoned in the restaurant. This is very fast acting."
Damien thanked her as he left, returning to Anderson with the news. Anderson nearly popped a blood vessel. The kitchen staff and the table's waiter were all in the picture for the murder now; anyone could have slipped the poison into Rogers' food or drink. They could easily be looking at multiple killers, or just one with access to different poisons. Instead of eliminating suspects they had added a whole team to the list, and there were still a few unknowns.
The final witness was the head waiter. The Italian sat alone in the room rubbing his hands nervously as he waited for someone to come in. Anderson

esperaron juntos mirándolo, dejándolo sudar durante unos minutos antes de que Anderson entrase y sacase las respuestas. Le gustaba el camarero como sospechoso del crimen. Estaba justo en medio de todo, y tenía acceso a la comida y a la gente. Quizás no al otro hombre pero sí al detective. También había invertido en el restaurante, era socio con el chef jefe y cualquier descenso en los beneficios del restaurante le quitaba una parte de su propio dinero.

Anderson entró y abrió el fichero, ignorando a Antonio durante unos instantes mientras se preparaba. El camarero se sentó recto, mirando al detective. Damien podía ver que sudaba, temblando de nervios.

Antonio era excelente con los clientes, pero cualquier cosa fuera de lo normal le ponía de los nervios. Los otros pocos italianos que Damien conocía eran bastante duros, Antonio no cumplía con el estereotipo.

Empezando la entrevista, Anderson habló con voz autoritaria. "¿Quién tuvo acceso a la comida del detective ayer por la noche?"

Antonio se sentó rígido y recto mientras contestaba: "Supongo que su camarero, el personal de cocina y

and Damien stood together and watched him, let him sweat it out for a few minutes before Anderson went in and got his answers. He liked the waiter as a suspect for this crime. He was right in the middle of all of this, and he had access to the food and to the people. Maybe not to the other man but certainly to the detective. He was also invested in the restaurant: he was partners with the head chef, and any knock to the profits of the restaurant took a chunk out of his own money.

Anderson entered and opened the file, ignoring Antonio for a moment while he set up. The waiter sat still, watching the detective. Damien could see that he was sweating, his nerves making him shake. Antonio was excellent with customers, but anything out of the ordinary sent him scurrying away. The few other Italians Damien knew were mostly quite tough; Antonio didn't fit this stereotype.

Beginning the interview, Anderson spoke in an authoritative tone. "Who had access to the detective's food last night?"

Antonio sat stiff and straight as he answered: "I suppose his waiter, the kitchen staff, and maybe a couple of the other

quizás un par de los otros camareros que recogían comida para sus mesas."
"¿Movió usted el cuerpo del hombre que comía con el detective en el lavabo de mujeres?" Anderson mantuvo su tono, viendo que esto molestaba a Antonio.
"No, ¿Por qué iba a hacerlo? No tengo nada que ver con su muerte," respondió. Su lenguaje corporal sugería que mentía, ya que se movía demasiado intentando evitar la mirada de Anderson.
"Sí que lo hiciste, ¿verdad? ¿Por qué un camarero con un interés personal en el restaurante iba a mover el cuerpo de uno de sus clientes?"
"No quería que nadie lo viera. Tenía miedo de que si los otros clientes lo veían saldrían corriendo, así que lo arrastré hasta el lavabo de mujeres..." su voz sonaba abatida. Sabía que había perdido, sabía que lo habían descubierto.
Anderson sonrió, sus ojos aun mostraban rabia. "En breve vendrá un policía para recoger tu declaración. Te sugiero que se lo cuentes todo"

waiters as they grabbed food for the other tables."

"Did you move the body of the man who was eating with the detective into the women's bathroom?" Anderson kept his tone, seeing that it was rattling Antonio.

"No, no why would I? I had nothing to do with his death," he answered. His body language suggested a lie, since he was moving around trying to avoid Anderson's gaze.

"You did, didn't you? Why? Why does a waiter with a personal stake in the restaurant move the body of one of his customers?"

"I didn't want anyone to see him. I was afraid that if the other customers saw him they would run away, so I dragged him into the ladies..." his voice was dejected. He knew he had lost; he knew he had been discovered.

Anderson smiled, his eyes still showing anger. "An officer will be in shortly to take your statement. I suggest you tell him everything."

Damien esperaba afuera, completamente impresionado, pero la cara de Anderson mostraba más decepción que otra cosa. Entró inmediatamente a zancadas en su oficina y cogió la chaqueta. Indicando a Damien que le siguiera, se apresuró bajando las escaleras hacia el parking del edificio anexo. Entraron en un envejecido Ford Focus, de color marrón desgastado con tapizados guarros. Había

Damien waited outside the door, massively impressed, but Anderson's face showed disappointment more than anything. He immediately strode into his office and grabbed his jacket. Motioning for Damien to follow, he rushed down the stairs and into the car park next door. They entered an ageing Ford Focus, faded brown with grotty upholstery. There were a number of identical or slightly different

bastantes modelos casi iguales en el parking, la opción favorita con el salario de policía.
Se movieron con una sacudida más fuerte de lo normal. Damien se dio cuenta rápidamente de que su cinturón colgaba de un hilo y de que el asiento se tambaleaba. Aunque la profesión de policía era honrada, no pagaba tan bien como las alternativas. En ese momento tuvo otra revelación. Le gritó a Anderson más fuerte que el ruido del motor: "¿Dónde estaba el coche del Detective? No se informó de él en la escena del crimen, ¿entonces con qué llegó al restaurante? Dudo mucho que alguien como él en ese tipo de negocio cogiera el autobús."
Anderson gritó algo a Damien que apenas pudo oír, algo sobre que habían inspeccionado al área cuando llegaron al restaurante.
Después de un horroroso trayecto llegaron al restaurante y aparcaron en el callejón al lado. No se oía nada en el restaurante. Estaba cerrado mientras la investigación continuaba y no había coches aparcados alrededor. El chef y el personal habían obviamente decidido evitar el lugar mientras la policía lo inspeccionaba.
Damien inspeccionó por fuera

models in the lot, an obvious favorite on a cop's salary.
They moved away with more of a jolt than anyone was expecting. Damien soon realized that his seatbelt was hanging by a thread and the seat was wobbling. As honorable as the police profession was, it certainly didn't pay as well as the alternatives. Just then he had another revelation. He shouted over the noise of the engine to Anderson.
"Where was the Detective's car? It wasn't reported at the crime scene, so what did he come in? I doubt someone like him on that kind of business took the bus."
Anderson shouted something back that Damien could barely hear, something like checking the area when they got to the restaurant.
After a harrowing ride they arrived at the restaurant, parking in the alley at the side. No sound came out of the restaurant. It had been closed while the investigation was on-going, and no cars were parked nearby. The chef and his staff had obviously decided to give the place a wide berth while the police were looking into the place.
Damien searched outside while

mientras Anderson entraba para echar otro vistazo a la escena del crimen. Al caminar por la calle buscó algo fuera de lo normal, o un coche que pudiera pertenecer al detective fallecido. Al final se cruzó con un viejo Ford Galaxie aparcado tras las tiendas vecinas. Era de color verde opaco con el interior beis. Era viejo, casi clásico (habían dejado de hacerlos en los setenta). Utilizó las llaves de Rogers para abrir la puerta antes de ponerse los guantes, entonces rebuscó por la pila de basura dentro del coche. Los asientos estaban limpios, pero habían usado el suelo como papelera durante un tiempo. Sólo la zona de los pedales del conductor estaba vacía, aunque pegajosa.

Al final, cuando Anderson vino a ver cómo iba la cosa, encontró un recibo y una pila de dinero atados con una goma elástica. El recibo era de un club de caballeros cerca de las afueras de la ciudad. Tenía fecha de la noche anterior a su muerte así que parecía una buena prueba.

Las orejas de Anderson se levantaron cuando Damien le mostró la prueba, obviamente era un fan de esos clubs, y dijo que tenían que seguir la pista inmediatamente.

Haciéndole entrar en el coche otra

Anderson went in to have another look at the crime scene. Walking up and down the street he looked for anything out of the ordinary, or a car that could belong to the deceased detective. Eventually he came across an old Ford Galaxy parked behind the nearby shops. It was an opaque green with beige interior. It was old, maybe even classic — they stopped making these things in the seventies. He used the Rogers' keys to open the doors before putting on his gloves, then rummaged around in the trash heap inside the car. The seats were clear, but the floors had obviously been used as a bin for more than a while. Only the driver's foot well was clear, if not sticky.

Finally, as Anderson came to check on him, he found a receipt and a wad of cash bound together by an elastic band. The receipt was from a gentlemen's club near the outskirts of town. It was dated the night before his death so it seemed like a solid lead. Anderson's ears perked up when Damien pulled out the evidence, obviously a fan of such clubs, and said they should follow the lead immediately.

Reeling him back in, Damien

vez, Damien continuó inspeccionando un poco más, rebuscando por la basura y periódicos arrugados en el fondo, buscando cualquier otra cosa importante. Conteniendo su entusiasmo, Anderson abrió el maletero y empezó a comprobar el contenido. Damien lo miró y vio que estaba al teléfono. Salió del coche para echar un vistazo y vio la chica muerta doblada en el maletero. No podía tener más de veinticinco años. Vestida de forma reveladora en un vestido de stripper, tenía la garganta cortada pero había poca sangre en el maletero. Tenía las manos atadas detrás de la espalda. Sus brazos estaban rasgados como si se hubiera defendido. Tenía sangre y piel bajo las uñas. La cuerda había cortado sus brazos en las zonas donde había intentado desatarse, y la sangre se había apelmazado en su pelo de una herida en la parte trasera de la cabeza. Lo que sea que le hubieran hecho, y por la razón que fuera, tenía que haber sido horrible. El cuerpo empezaba a oler. Los dos investigadores tuvieron que retirarse. No pasó mucho tiempo hasta que llegó el equipo forense. Una furgoneta blanca se paró cerca, y tres oficiales forenses salieron con la

looked around the car some more, wading through the trash and crumpled newspapers at the bottom, looking for anything else. Curbing his enthusiasm, Anderson popped the boot and went round to check its contents. Damien looked up and saw him on the phone. He crawled out so he could have a look, and saw the dead girl folded into the boot. She couldn't have been older than twenty five. Scantily dressed in a stripper outfit, her throat was cut but there was little blood in the car. Her hands were bound behind her back. Her arms were grazed as though she had put up a fight. Blood and skin was congealed under her fingernails. The rope had cut into her arms where she had struggled against it, and blood had matted into her hair from an open cut on back of her head. Whatever was done to this girl, and for whatever reason, it must have been horrific. The body had begun to smell. The two investigators had to stand back.

It wasn't long until the forensics team and a few officers arrived. A white van pulled up nearby, and three forensic officers exited with Dr. Debreu. The team

Dra. Debreu. El equipo no perdió un minuto en acordonar el área. Anderson y Damien esperaron en la zona hasta que Debreu los llamó. El cuerpo estaba ahora en una camilla con ruedas cubierto por una sábana. Al fondo del maletero pudieron ver una cuerda enrollada y apelmazada con sangre, y una navaja automática encajada en una esquina. "Está lleno de huellas. Si fue nuestro detective no debió de pensar que lo cogeríamos. El maletero puede abrirse desde el interior por lo que éste no es el lugar en el que la retuvieron, y la chica tiene muchas contusiones y rasgadas. Peleó, por lo que obviamente la mantuvieron viva antes de matarla." Debreu se quitó los guantes y los tiró en la furgoneta. Los técnicos estaban acabando cuando los policías llegaron a la escena, esperando a que un camión se llevase el coche.
Cuando el equipo se marchó, Anderson volvió a inspeccionar la escena buscando más pruebas, pero aparte de basura en algunas papeleras cercanas y algunas hierbas que crecían en las fisuras del pavimento no había nada más. Definitivamente la habían movido desde otra ubicación, torturado y matado. Entonces la habían trasladado a la

wasted no time in cordoning off the area. Anderson and Damien waited nearby until Debreu called them over. The body was now under a sheet on a nearby dolly. At the bottom of the boot they could now see a rope coiled and matted in blood, and a switch blade stuck in the corner.

"There are prints all over this. If it was our detective he didn't think he'd be caught. The boot can be opened from the inside so this isn't where she was held, and there are a lot of bruises and grazes on this girl. She put up a struggle; she was obviously alive for a while and was killed later." Debreu took off her gloves and disposed of them in the van. The techs finished up as the uniformed officers arrived to watch the scene, waiting for a truck to pick up the car.

As the team left, Anderson double-checked the scene for any other evidence, but other than trash in the nearby bins, and a few weeds overgrowing in the pavement cracks there was nothing else to find. She had definitely been moved from another location, tortured and killed. She was then moved behind a store in the outskirts of

parte trasera de una tienda en las afueras de la ciudad donde la habían dejado tirada en la parte trasera de un coche.

Antes de descubrir el cuerpo, Anderson había querido comer algo, pero ahora se daba cuenta de que ninguno de los dos tenía mucha hambre. Era difícil para Damien creer que un hombre que debía mantener la ley pudiera haber caído tan bajo. La chica había sufrido mucho y, aparentemente, a manos de alguien que tenía que proteger y servir. Esperaron un minuto antes de proceder a la siguiente ubicación.

town, and left to rot in the back of a car.

Before they discovered the body, Anderson had wanted to get something to eat, but he sensed that neither of them had much of an appetite any more. It was hard for Damien to believe that a man who was supposed to uphold the law had fallen so far. The girl had gone through hell, and apparently at the hands of someone who was supposed to protect and serve. They took a moment before proceeding on to their next location.

El club de señores estaba ubicado en la calle principal al sur del distrito, escondido encima de un corredor de apuestas. La única señal en el exterior era una luz de neón de una chica inclinándose. Para decepción de Anderson, el club aún no había abierto. Sólo el propietario y parte del personal de limpieza estaban allí, pero ninguna de las chicas. Una vez dentro, se sentaron con el propietario en una de las muchas zonas para sentarse. El club estaba oscuro. Las luces

The gentlemen's club was located on the high street near the south of the borough, secreted away above a bookie. The only sign on the outside was a neon light of a girl bending down. Much to Anderson's disappointment the club had not opened yet. Only the owner and a few cleaning staff were in, but none of the girls. Once inside they sat down with the owner in one of the many seating areas.

The club was dark. The lights

estaban sobretodo en los escenarios y en las barras, aunque el bar estaba bien iluminado con focos. Las habitaciones privadas estaban separadas a ambos lados de la sala por cortinas, y los lavabos marcados con neones. El personal de limpieza se movía por allí, encerando las barras y abrillantando los escenarios. Se podía oír el traqueteo del aire acondicionado de fondo. El propietario era un ruso de constitución fuerte llamado Ivan, completamente calvo y vestido con ropa casual aunque elegante. Anderson se sentó enfrente de Ivan, Damien se sentó en medio del óvalo y sacó una libreta. Los dos se prepararon y el camarero se acercó con café. Finalmente Anderson sacó las dos fotos de su maleta: una del detective Rogers y otra del hombre en el lavabo.
El camarero era un hombre muy delgado pero arreglado. Tenía una de esas caras fáciles de olvidar, y pudieron ver dos guantes sobresaliendo de su bolsillo. Si alguien tuviera que adivinar su profesión, habría pensado de primeras asesino profesional. Los dos investigadores lo anotaron mientras escuchaban a Ivan, y aunque intentaban ser discretos no

were mainly on the stages and poles, though the bar was well illuminated with spotlights. Private rooms were partitioned by curtains on either side of the room, the restrooms clearly marked with neon lights. Various cleaning staff moved around, waxing poles and buffing the stages, the air-conditioning could be heard rattling in the background. The owner was a well-built Russian named Ivan, completely bald and dressed smart-casual.

Anderson took the seat across from Ivan; Damien took the middle of the oval and took out a notepad. They both set up and the bartender came over with some coffee. Finally Anderson removed two pictures from his satchel: one of detective Rogers and the other of the man in the bathroom. The bartender was a very skinny but sleek man. He had one of those faces that was easy to forget, and they could see two gloves poking out of his pocket. If anyone was to guess his profession, a professional killer would be at the top of their list. The two investigators made a note of this as they listened to Ivan, and though they were trying to be discreet they could not completely hide that they were at least

pudieron esconder completamente que sospechaban de él.
"¿Alguien vez les visitó un tal detective Rogers?" Anderson le acercó la foto a Ivan.
Él miró la foto y asintió. "Viene por aquí una vez a la semana. Vino la semana pasado exigiendo que le pagásemos a cambio de protección. Le dije que no y no lo veo más." Hizo la declaración tranquilamente, como si la hubiera practicado delante del espejo. Recitó las líneas con una facilidad que no tendría que haber tenido.
Damien lo escribió todo rápidamente. "¿Y el otro hombre, lo reconoce?"
Ivan cogió la foto del otro hombre. Sus ojos mostraban preocupación, "Este es Viktor, mi portero. ¿Qué le ha pasado?"
Sospechamos que mató al Detective Rogers, pero que le envenenaron antes de reunirse con él. Murió al poco después." Anderson miró por la habitación. Dos personas del personal de limpieza estaban escuchando, mientras que el camarero estaba solo al final de la barra.
El camarero e Ivan mostraron una sonrisa socarrona al escuchar las noticias del detective Rogers. Tanto

suspicious of him.
"Were you ever visited by a detective Rogers?" Anderson moved the picture over towards Ivan.
He looked at the picture and nodded. "He comes in here once a week. Came in last week demanding we pay him for protection. I told him no and I don't see him again." This statement was given very calmly, like he had practiced it in front of a mirror. He recited the lines with an ease that shouldn't have been there.
Damien hurriedly wrote everything down. "What about the other man, do you recognize him?"
Ivan took the picture of the other man. Worry showed in his eyes, "This is Viktor, my doorman. What happened to him?"
"We suspect that he killed Detective Rogers, but was poisoned before they planned to meet. He died shortly after." Anderson looked around the room. Two of the cleaning staff were listening in, while the bartender kept to himself at the end of the bar.

The bartender and Ivan had developed a small sly smile on hearing the news of detective Rogers. Both Damien and

Damien como Anderson la vieron por un momento. Estaba claro que ambos tenían algo que ganar de todo esto. Parecían estar sorprendidos de verdad sobre la muerte del otro hombre, pero definitivamente no les había sorprendido la muerte del Detective. No le tenían ningún aprecio.
Damien hizo la siguiente pregunta.
"¿Ha faltado alguna de vuestras chicas? Quizás alguien que no ha venido a trabajar últimamente."
Ivan asintió, "Sí, Adela. Es nueva, justo viene de Eslovaquia. Muy buena bailarina. Tenía que subir al escenario anoche pero no vino." Se podía apreciar una preocupación genuina en la cara de Ivan. Hacía lo máximo posible por esconder sus emociones, pero definitivamente sufría por su personal.
"¿Tiene una foto suya?" En vez de contestar a Anderson, Ivan se levantó y caminó hacia la barra donde cogió una carpeta y la trajo de vuelta a la mesa, diciéndole primero alguna cosa al camarero que no pudieron entender. El camarero parecía sorprendido pero Damien notó algo extraño en sus gestos. La preocupación sólo era visible cuando Ivan le miraba.

Anderson saw it for that split second, and there was definitely an angle in all this for both of them. They seemed genuinely shocked at the death of the other man, but were definitely not shocked at the death of the Detective. There was no love lost for him.

Damien asked the next question. "Have any of your girls gone missing? Maybe they haven't shown up for work?"

Ivan nodded, "Yes, Adela. She's new here, just come over from Slovakia. Very good dancer. She was due on stage last night but didn't come in." Genuine concern passed over Ivan's face. He was doing his best to conceal his emotions, but he was definitely afraid for his staff.

"Do you have a photo of her?" Instead of answering Anderson, Ivan rose and walked over to the bar where he fished out a folder and brought it back to the table. Exchanging muffled words with the bartender as he did so. The bartender seemed surprised but there was an element of deceit in his features, and Damien noticed that the worry was only there as long as Ivan was looking at him.

Ivan hojeó la carpeta hasta que encontró la foto de una chica rubia con mechas rosas en el pelo, "Ésta es la chica." Su mano temblaba en este momento, no de preocupación sino de rabia. Su mal humor se hacía visible. El camarero seguía mirando a Iván. No parecía que le importase nada más en el bar. Su atención estaba centrada completamente en Ivan como si fuera un blanco al que disparar. Anderson miró de cerca la foto. "Me sabe mal tener que decirle esto, Sr. Dietrich, pero hemos encontrado el cuerpo de Adela en el maletero de un coche hoy."
El camarero había estado escuchando, y al decir esto Anderson se acercó a vigilar a Ivan. El hombre parecía estar preparado para cualquier cosa, y su forma de caminar sugería velocidad y agilidad. Un hombre así podía usar la fuerza de su oponente contra él y dejarle en un charco de su propia sangre.
En vez de dolor, una rabia intensa inundó la cara de Ivan, y a Anderson y a Damien les pareció que Ivan tuvo que controlarse mucho para no destrozar el lugar. El camarero lo vio y rápidamente se acercó a Ivan para decirle algo al

Ivan leafed through the folder until he came to a picture of a blond girl with pink stripes in her hair, "This is her." His hand was shaking by this point, not from worry but anger. His temper was showing through. The bartender was keeping an eye on Ivan. No one else seemed to matter to him. His attention seemed squarely on him like a target in his sights.

Anderson looked closely at the picture. "I'm sorry to tell you this, Mr. Dietrich, but we found Adela's body in the boot of a car earlier today."

The bartender had been listening in, and as soon as this was said he came over to keep a closer eye on Ivan. The man seemed ready for anything, and the way he walked suggested speed and agility. A man like him could use an opponent's strength against him and leave him in a pool of his own blood.

Instead of grief, extreme anger crossed Ivan's face, and it seemed to both Anderson and Damien that Ivan had to seriously control himself not to tear the place apart. The bartender saw this and quickly scurried over to whisper something in Ivan's ear. This

60

oído. Esto pareció ayudarle a controlarse otra vez. El ruso les dio excusas y les pidió que se marcharan. Mientras se marchaban lo último que escucharon fue el destrozo de botellas y mobiliario. Esperaron que no estuvieran dirigidos a alguien. Anderson hizo una llamada a la estación, diciéndoles que pusieran algunos policías en el club, y que siguieran al dueño y al camarero para ver a dónde iban. Tanto Anderson como Damien sospechaban de ambos en el club. El camarero parecía estar demasiado tranquilo e Ivan parecía muy inestable. No parecían encajar muy bien. Algo raro ocurría en el club, y probablemente no era legal.

managed to restore some of his self-control. The Russian made his excuses and asked them to leave. The last thing they heard was the smashing of bottles and the breaking of furniture as they made an exit. They hoped it wasn't aimed at anyone.

Anderson put a call to the station, telling them to put some uniformed officers on the club, and tail the owner and the bartender to see where they went. Both Anderson and Damien were suspicious of the pair in the club. The bartender seemed too cool and Ivan was very volatile; the pair just didn't match. Something was definitely amiss in the club, and it likely wasn't legal.

61

La lista de conocidos llegó en el mismo momento que los dos coches sin placas de identificación se pararon delante del club. La lista contenía todas las víctimas del detective Rogers y los nombres de otros cinco personajes del mundo criminal. Damien se dio cuenta de que uno de esos nombres operaba en las afueras del orfanato en el que creció. Anderson eligió primero ese

The list of known associates came as the two unmarked cars pulled up in front of the club. The list contained all the victims of detective Rogers and the names of another five underworld characters. Damien noticed that one of those names operated out of the orphanage where he grew up. Anderson took that name first and the pair headed away from the club after briefing the two sets of officers.

nombre y ambos se alejaron del club después de informar a los dos grupos de policías.
El orfanato había cerrado hacía tres años. La falta de fondos había significado que todo el personal y los niños se habían tenido que trasladar a algunas instalaciones más grandes fuera de la ciudad. El orfanato se había convertido en un edificio decrépito, finalmente hogar de vagabundos y ocupantes ilegales, un área que los policías en patrulla evitaban debido a la alta peligrosidad aunque recientemente lo habían ocupado algunos empresarios respetados. En otras palabras, se había convertido en el hogar de mafiosos y otra escoria que operaban por debajo de la ley.
Al aparcar fuera del orfanato, Damien sintió un escalofrío recorrerle la espalda. Damien no había disfrutado de su estancia en el lugar y había jurado que nunca volvería. Había cinco hombres fumando fuera, todos vestidos con traje y todos con mala pinta. Anderson le había dicho que la policía había intentando acabar con este grupo, pero que de alguna forma siempre acababan escapándose. Sabían que pagaban a policías, pero no podían probar nada. Los abogados

The orphanage had closed down three years ago; lack of funding had meant that all the staff and children had to move into some of the larger places outside the city. The Orphanage had become a derelict building, eventually home to the homeless and squatters, an area avoided by patrolling police due to the highly dangerous element, but recently it had been taken over by some respectable businessmen. In other words, it had become home to the mob— gangsters and other lowlifes who stayed visibly just this side of the law.

Pulling up outside the orphanage, Damien felt a shiver go down his spine. Damien hadn't enjoyed his time here and had sworn never to go back. Five men were smoking outside, all dressed in suits, and all just the wrong side of shady. Anderson had told him that the police had tried to take this group down, but somehow they always seemed to get away. They knew there were police on their payroll, but nothing could ever be proven. Lawyers seemed to orbit the members of this new social club, quoting every legal loophole and threatening

parecían orbitar los miembros de este nuevo club social, utilizando tecnicismos en las leyes y amenazando a la policía con pleitos cuando se acercaban demasiado. Cuando Anderson llegó a los peldaños, el grupo bloqueó la puerta. Cuando se acercaron, el último hombre golpeó en la ventana. Unos segundos después, un hombre bajo y ancho salió por la puerta. El hombre llevaba puesto un simple traje negro, con camisa y corbata de color lila. El hombre caminaba con confianza, era definitivamente el líder del grupo.
"¿Qué puedo hacer por ustedes? Me temo que este club es sólo para miembros." El hombre hablaba con cierto acento europeo, diluido después de pasar tiempo en el reino unido.
Anderson tomó la iniciativa otra vez. "Tengo que hacerle unas preguntas sobre el detective Rogers. Lo encontraron ayer muerto, y su nombre ha aparecido entre su lista de asociados, Sr. Young."
El Sr. Young se había establecido en la ciudad hacía siete años, un gánster de la vieja escuela al que la policía solía ignorar ya que normalmente se mantenía justo por debajo de la ley. Creía en los principios originales de la mafia: ejecución de la ley dónde la

litigation every time the police got close.

As Anderson got to the front steps, the group formed a blockade in front of the doors. As they approached, the last man tapped on the window. After a few seconds, a short wide man came through the doors. The man wore a plain black suit, his shirt and tie a deep purple. The man walked confidently, definitely the leader of this group.
"What can I do for you gentlemen? This club is members only, I'm afraid." The man spoke with a light European accent, diluted by his time in the UK.

Anderson once again took the lead. "I need to ask you a few questions about Detective Rogers. He was found dead yesterday, and your name came up on his list of associates, Mr. Young."
Derrick Young had set up in the town seven years ago, an old-school gangster whom the police tended to ignore as he usually stuck just inside of the law. He believed the in the original principles of the mob: law enforcement where the police left off. It was clear to any beat cop

policía no llegaba. A cualquier policía le quedaba claro que sabía cómo controlar las drogas en la ciudad. Sus hombres le eran leales, e incluso pagaba impuestos. Era como si hubiera aprendido de los errores comunes de otros miembros anteriores de la mafia. Había mejorado el negocio y lo había llevado al siglo veintiuno. Nunca se volvía a saber de la gente que rompía sus normas, y los que las cumplían vivían tranquilos.

Young miró a los dos hombres.

"Entren señores, creo que tenemos que hablar. Como ciudadanos que cumplen con la ley siempre estamos encantados de ayudar a nuestros amigos en la policía."

Al entrar llegaron a un pasillo largo. Fotos de famosos y figuras conocidas adornaban la pared. El edificio parecía rico, y dentro todo indicaba elegancia. La oficina principal era más de lo mismo. Una mesa de roble grande, esculpida con adornos, cuadros en la pared y un cuadro más pequeño en el escritorio de Young que encaraba hacia el otro lado.

"Están aquí por el detective Rogers. Nosotros lo conocíamos, por supuesto. Él ejecutaba algunos de mis negocios y de los negocios de

that he knew how to control the narcotics in the town. His men were very loyal, and he even paid his taxes. It was as if he had learned from the common mistakes made by past members of the mafia. He had improved on the franchise and brought it into the twenty-first century. People who broke his rules were never heard from again; those who abided were left alone.

Young looked the two men over.

"Come on in gentlemen, I think we need to talk. As law abiding citizens we're always happy to help our friends in the police."

Proceeding inside they came to a long hallway. Pictures of celebrities and well-known figures adorned the wall. The building looked rich, and everything inside screamed of elegance. The main office was much the same. A large oak desk, ornately carved, paintings on the wall and one smaller picture facing away from them on Young's desk.

"You're here in regards to detective Rogers. We knew him, of course. He was muscling in on some of the businesses belonging to myself and some of my members. We had words a

mis miembros. Hablamos hace unas semanas. La cosa no acabó bien. El detective Rogers atacó a tres de nuestros miembros. Después del incidente se le echó del club." El Sr. Young finalizó, con sus ojos sin alejarse de la cara de Damien ni siquiera un momento.
"Así que Rogers le estaba causando daños. ¿Se le ocurre a alguien que pudiera haber llegado a matarlo?" preguntó Anderson, manteniendo su mirada en la cara de Young y en las de sus guardias.
"Mucha gente lo quería muerto, Sr. Anderson. Estaba en la trastienda de casi todos los negocios y restaurantes de este lado de la ciudad."
"Querer algo y hacerlo son dos cosas muy distintas. ¿Sabe de alguien que entienda de venenos, Sr. Young?" esta vez fue Damien el que habló. Young se rio "Empezaba a preocuparme de que no tuvieras voz. No, me temo que no sé de nadie, joven," contestó rápidamente, desplazando la pregunta a un lado, "pero deja que te pregunte algo. ¿Conoces a esta mujer?"
Young giró la foto en su escritorio, e inmediatamente Damien recordó su sueño. Era la cara de su madre. En la foto era joven y sostenía un cesto con flores, pero era definitivamente

few weeks ago. It did not end pleasantly. Detective Rogers attacked three of our members. After that he was banned from the club." Mr. Young finished, his eyes not leaving Damien's face for even a moment.
"So Rogers was causing trouble for you. Do you know anyone who would go so far as to kill him?" Anderson asked, keeping his eyes on Young's face, and those of his guards.
"Many people wanted him dead Mr. Anderson. He was on the back of almost every business and restaurant on this side of town."
"Wanting something and doing it are two different things. Do you know anyone good with poisons, Mr. Young?" this time it was Damien who spoke up. Young laughed "I was beginning to worry you didn't have a voice. No I don't, I'm afraid, young man," he answered quickly, brushing the question aside, "let me ask you something though. Do you know this woman?"
Young turned round the photo on his desk, immediately Damien flashed back to his dream. It was the face of his mother. She was young in the photo, holding a flower basket, but it was definitely the same woman. Damien nearly collapsed in his

la misma mujer. Damien casi se cayó de la silla. Él era sólo un bebé cuando su madre murió, ¿cómo podía recordarlo?"
Anderson miró a Damien con preocupación, "¿Estás bien Damien? ¿Te encuentras bien?"
Damien se sentó. "Es mi madre. ¿De dónde ha sacado esa foto? Toda mi vida he buscado algo, información o fotos."
Young meció la foto durante unos instantes. "Era mi mujer. Una banda rival operaba en la parte alta de la ciudad en ese momento. Ella no quería criarte en un mundo así e intentaba sacarte de él. La banda la alcanzó cerca del río y la dispararon. Yo creí que el bebé se había perdido con ella."
Damien se levantó al darse cuenta. "Eso significa que tú eres mi padre... ¿El hombre que ha modernizado la mafia es mi padre?"
Los matones a cada lado decidieron marcharse, igual que hizo Anderson. Ambos se dieron cuenta de que era un buen momento de dar a sus colegas un poco de intimidad.

chair. He was only a baby when his mother died, so how could he remember that?
Anderson looked over at Damien in concern, "Are you alright Damien? You feeling okay?"
Damien sat up. "That's my mother. How come you have a picture of her? I've been looking for anything, any picture or information all my life."
Young cradled the picture for a moment. "She was my wife. A rival gang was shooting uptown at the time. She didn't want you to be raised in that world and was taking you away. The gang caught up with her near the river, they gunned her down. I thought the baby went in with her."
Damien stood up as he realized this. "So that means, you're my father... The man who modernized the mob is my old man?"
The goons on either side chose this moment to exit, as did Anderson. The goons and the detective both realizing this would be a good moment to give their colleagues some privacy.

"Entonces te das cuenta de que esto no cambia nada." Dijo Damien con cuidado, con la mesa aún de por medio.
"Veo que tienes la fortaleza de tus padres," comentó Young, con sus ojos centrados en Damien, "Muy bien. Si eso es lo que quieres, que así sea."
Damien bajó la guardia un poco, al haber prometido su padre que no lo iba a reclutar para la mafia.
"¿Qué más me puedes decir?"
"¿Sobre tu pasado? Muy poco. Como

"You realize this doesn't change anything." said Damien warily, the table still between them.

"Ah, I see you have both your parents' fortitude," Young commented, eyes not leaving him, "Very well. If that's how you want it, that's how it shall be."
Damien relaxed his guard a little, his father having promised not to try to recruit him for the mob.
"So, what else can you tell me?"

ya te he dicho, yo pensaba que habías muerto. Tu cumpleaños es el… bueno, ya te lo diré." Al haber sido encontrado sin un certificado de nacimiento, Damien nunca había sabido cuando era su cumpleaños. Y no es que hubiera tenido mucho que celebrar. El orfanato había definido una fecha para utilizar en los formularios y documentos, por supuesto. Pero parecía que su padre no era el tipo de hombre que recuerda el cumpleaños de su hijo fallecido, sino que lo había ido olvidando con los años al no celebrarlo.

"Sobre ella, y sobre mí, todo lo que puedas. Pero ahora no es el momento. Tenemos que hablar del futuro." La forma en que lo dijo le hizo apretar el pecho. "¿Cómo queda todo esto?"

Damien no quería saber nada con la mafia, pero al mismo tiempo no quería cortar su único enlace con su pasado, particularmente con su madre. Pensó por un momento. "Quedaremos de vez en cuando para conocernos y hablar del pasado, pero aparte de esto 'mantendremos las distancias'."

"Defínelo."

"Tú no te meterás en los casos o los negocios en los que trabajo, y dejarás

"About your past? Very little. Like I said, I thought you died. Your birthday is, er… I'll let you know."
Being a foundling with no birth certificate, Damien had never actually known when his birthday was. Not that he'd ever had much to celebrate. The orphanage had guessed a date for use on forms and the like, of course. But it looked like his father wasn't the kind of man to remember his dead son's birthday, rather allowing it to slip out of his mind because it didn't come around yearly.

"About her, and about me: plenty. But now's not the time for that. We must talk of the future." the way he said this made Damien's chest tighten. "What is our arrangement to be?"

Damien wanted nothing to do with the mob, but at the same time didn't want to cut off this avenue to his past, particularly to his mother. He thought for a moment. "We meet occasionally to get to know each other, and about the past, but other than this we keep a 'respectful distance'."

"Define that."

"You don't meddle in cases or businesses I'm involved in, and

tranquila a la gente que conozco. A cambio, yo no espiaré tus negocios a consciencia, y si parece que tú estás detrás de un caso no seguiré con la investigación. Con excepción de este caso."

"De acuerdo. Y como regalo para mi hijo resucitado, seré más cooperativo de lo habitual. Considéralo un regalo por los muchos cumpleaños perdidos. Aunque todo extraoficialmente. Esto no es un testimonio."

Damien guardó la libreta y Young empezó. "El detective Rogers no era parte de esta organización. Sus acciones ponían incómodos a muchos de mis 'clientes'. Ellos me pagan dinero para protegerlos y yo hago mi trabajo y los protejo." Young sonrió, sintiéndose orgulloso de sí mismo. Damien dio por supuesto la parte en que si no pagaban, ellos necesitaban protección contra él. "Así que, yo pedí a alguien que lo envenenase en el restaurante. Todo el mundo sabe que una media verdad es más fácil de creer que una mentira, Damien, y los criminales también lo saben. Cuando dije que no conocía alguien bueno con venenos, decía la verdad. Personalmente no conozco a nadie con esa habilidad, pero mi

leave people I know alone. In return, I won't go prying into your business knowingly, and if it starts looking like you're behind a case I'll drop out of that investigation. This one excluded."

"Agreed. And as a one-time gift to my resurrected son, I will be more co-operative than usual. Consider it many years missed birthdays' presents. All strictly off the record, mind. This is not a testimony."

Damien put his notepad away and Young began. "Detective Rogers was not a part of this organization. His actions were making many of my 'clients' uncomfortable. They pay me protection money, and I like to do my duty and protect them." Young smiled, looking pleased with himself. Damien assumed he left out the part where if they didn't pay, they needed protecting from him. "So, I arranged to have him poisoned at the restaurant. It's quite common knowledge that a half-truth is always more believable than a lie, Damien, and criminals are no strangers to this. When I answered your question about knowing anyone good with poison, I was telling the truth. I don't personally

organización tiene contactos. Pero tengo que avisarte, ahora que sabes lo que buscar, la policía debería poder encontrar suficientes pruebas para un veredicto que diga 'envenenamiento de la mafia', pero buena suerte si intentáis buscar un culpable." Dijo haciendo una mueca.

Young continuó: "Ahí es donde termina la participación de mi grupo. Sin embargo puedo usar mi conocimiento del mundo criminal para imaginar lo que pasó. El club de caballeros de Ivan es parte de otra organización. Si él se negó a pagar a Rogers, probablemente él podría haber cogido la chica como aviso o castigo, matándola en el momento en que se convirtió en un problema o cuando Ivan no cumplió con sus demandas a tiempo. Si tenía miedo de una venganza, como al final ocurrió, Ivan habría usado uno de sus hombres para matar a Rogers."

Esto encajaba con lo que sabían; el hombre muerto en los lavabos, Viktor, era el portero de Ivan. "Has acertado mucho con los detalles," comentó Damien, "¿cómo sabes tanto del caso?"

Su padre sonrió de oreja a oreja. "Secretos de oficio, hijo." Cuando el hombre le llamó 'hijo' le entró un escalofrío a Damien. No confiaba en

know anyone with such skills, but my organization has the contacts. I should warn you though, now you know what to look for, the police should find just enough evidence for a verdict of 'mob poisoning', but good luck trying to pin it on anyone." he sneered.

Young continued: "That is where my group's involvement ends. I can however use my knowledge of the underworld to take a guess at how things played out. Ivan's gentlemen's club is part of another organization. If he refused to pay Rogers, he will have taken the girl as either warning or punishment, killing her either when she became a liability or when Ivan didn't meet his demands in time. If he feared retaliation, rightly as it turned out, Ivan will have arranged for one of his men to kill Rogers."

This fit with what they knew — the man found dead in the toilets, Viktor, had been Ivan's doorman. "You're getting the details pretty spot on," commented Damien, "how do you know so much about the case?"

His father smiled broadly. "Trade secrets, son." Being called 'son' by this man made Damien shiver. He didn't trust

él para nada.
"¿Entonces sabes por qué lo envenenaron?"
"Sé que lo envenenaron, pero me temo que no sé nada más."
La información de Young parecía haberse acabado, los dos intercambiaron teléfonos móviles y Damien se levantó.
"Gracias," dijo, "Has sido de..." no pudo obligarse a decir 'gran', "...ayuda".
"No te preocupes." Young se levantó a su lado. "Damien, siempre habrá aquí un lugar para ti si lo quieres. Al fin y al cabo somos otro tipo de autoridad." Young abrió los brazos para abrazarlo pero Damien le dio la mano fríamente.
"Acabo de acordarme que tenía socios. Tres hombres que estaban rondando cerca del restaurante después de morir, y que lo habían ayudado a intimidar al restaurante previamente. ¿Significa esto que él era parte de un tercer grupo criminal?"
"Posiblemente," contestó Young, "lo más seguro es que fueran criminales que él habría podido..."
"Debido." Le interrumpió Damien.
"...arrestar, pero en vez de ello había usado las pruebas que tenía contra ellos para obligarles a trabajar como

him as far as he could throw him.
"So do you know why he was poisoned?"
"I know that he was poisoned, but I'm afraid I draw a blank there."
Young's information seemingly at an end, the two exchanged mobile numbers and Damien rose.
"Thank you," he said, "You've been..." he couldn't quite bring himself to say 'very',
"...helpful."
"Say nothing of it." Young stood with him. "Damien, there is always a place here for you if you want it. We are after all just another kind of control and enforcement." Young spread his arms for a hug. Damien coolly shook his hand instead.
"I just remembered, he had associates. Three big men who were hanging about the restaurant after he died, and who were helping to intimidate it before. Does that mean he was part of a third crime group?"

"Possibly," Young replied, "more likely they were criminals he could-"

"Should." Damien butted in.
"-have arrested, but instead he used what he had on them to

matones para él."
Damien caminó poco a poco hacia la puerta. Parándose, con la mano en el pomo preguntó: "¿Cuál es mi nombre?" igual que con su cumpleaños, su nombre venía del orfanato.
"Eres Derrick Young, junior."
"Creo que seguiré usando Damien Morin."
"Como quieras Derrick."

coerce them into working as muscle for him."
Damien slowly walked toward the door. Stopping, fingers on the handle he asked: "What's my name?" Like with his birthday, his name came from the orphanage.
"You are Derrick Young, junior."
"I think I'll stick with Damien Morin."
"Suit yourself, Derrick."

Anderson les esperaba afuera. Los matones le habían estado vigilando para que no pudiera husmear por ningún sitio, por lo que había intentado entablar conversación con ellos usando la tan inesperada situación como una excusa con la esperanza de que metieran la pata y acabasen revelando algo. No cayeron en la trampa, y al final ambos

Anderson was waiting for him outside the door. The goons had been keeping an eye on him, not wanting him to snoop, so he had been trying to engage them in small talk using the unexpectedness of the situation as a way in, in the hope they might slip up and reveal something. They weren't buying it, and the two decided it was in

decidieron que les interesaba más marcharse rápido.

En el coche, Damien intentó decirle a Anderson lo que había aprendido en el antiguo orfanato, pero al poco rato dejó de intentarlo debido al ruido del coche. Además, Helena y el director también estarían interesados en saberlo.

De vuelta en la estación todos se sentaron juntos. Damien se decepcionó al ver cómo el Director volvía a mantener las distancias al conocer sus orígenes, aunque envió policías a investigar las pistas relacionadas con el veneno.

No había nada más que hacer esa noche. La Dra. Debreu le dijo que tenía que ponerse al día con sus estudios y que no hacía falta que viniera al día siguiente a menos que le llamaran.

Esa noche no tuvo ningún sueño. Era como si todo lo que había descubierto recientemente estuviera calmando su mente como un mar tranquilo absorbiendo la tormenta. Cuando se despertó, más descansado de lo que se había sentido durante mucho tiempo, Damien predijo que los sueños volverían pronto, ahora más precisos que antes, o que otros sobre su padre sustituirían los antiguos. Pero por ahora le habían dado un pequeño

their best interests to leave promptly. In the car, Damien tried to tell Anderson what he'd learned in the old orphanage, but quickly gave up because of the noise from the engine. Besides, Helena and the chief would want to know too.

Back at the station they all gathered. Damien was disappointed to note that the chief quickly soured to him again once he learned of his parentage, though he dispatched officers to look into the poisoning leads.

There was nothing more that could be done for the night. Dr. Debreu told him he needed to catch up with his studies, so not to come in the next day unless they called him.

That night, there was no dream. It was like the few facts he now had lapped against his brain like a soothing sea, absolving the torment. When he woke, better rested than he had been in a long time, Damien predicted that soon the dreams would return, now more accurate than ever, or new ones of his father would take their place. But for now he had been granted a brief respite.

respiro.
Durante la mañana no pasó nada. Las clases de siempre, una mirada de Gerard. Durante la comida se puso al día con Gina, explicándole sobre el caso y recogiendo las fotocopias de los apuntes del día que había faltado. Justo acababa de poner al día a Gina con el caso y con sus descubrimientos personales, que el detective Anderson le llamó:
"Nos han pasado el informe del historial de Viktor, el hombre que apuñaló a la víctima. No todo el personal de Ivan estaba involucrado en los actos criminales. Viktor sí lo estaba. Lo que parecía extraño era el tiempo de los hechos. Si Viktor se había marchado del club de Ivan hacia su reunión con Rogers, lo cual era la hipótesis más probable, teniendo en cuenta la duración de la reunión esto significaba que le habrían envenenado en el club de Ivan. ¿Pero por qué?"
Ni él ni Gina pudieron imaginar una razón por lo que le agradeció la llamada a Anderson y colgó. "Qué extraño," pensó Gina en voz alta, "tu padre ha predicho de forma muy precisa el resto del caso, pero ha dejado un gran vacío sin explicar en cuanto a la muerte de Viktor. ¿Crees que estaba mintiendo?"
Damien se quedó pensando por unos

The morning passed uneventfully. The usual lectures, a glare from Gerard. At lunch he caught up with Gina, to tell her about the case and to get the photocopied notes from the day he missed. He had just brought Gina up to speed with the case, and his own personal discoveries, when detective Anderson rang: "We got the background report back on Viktor, the stabber. Not all of Ivan's staff are involved in the criminal side of things. Viktor was. What's strange though is the timeline. If Viktor set off from Ivan's club to his meeting with Rogers, which is a likely assumption, then considering the length of the meeting it means he would have been poisoned at Ivan's. But why?"

Neither Damien nor Gina could suggest a reason so he thanked Anderson and hung up. "It's strange," Gina thought out loud, "your father seemed so accurate about the rest of the case, but drew this huge blank when it came to Viktor's death. Do you think he was lying?"

Damien zoned out for a

instantes. La pregunta de Gina le recordó las palabras de su padre: una media verdad es más fácil de creer que una mentira...

"No, Gina. Creo que decía la verdad, exactamente la verdad. Simplemente no mencionó una gran parte de la explicación que podría haber incriminado a alguien de su organización. Sabía mucho del caso, demasiado para decir una verdad tan precisa. Estos "secretos del oficio" que mencionaba son increíblemente precisos. Casi como si..."

"...como si tuviera a alguien dentro..." Gina acabó la frase. "Es una pena que aceptases no investigar los casos en los que estuviera involucrado después del intercambio. De hecho es posible que lo hiciera a propósito."

"¡Joder!" maldijo Damien, "tendría que haber sospechado más de un mafioso que daba tanta información, incluso siendo su hijo."

"No vas a romper tu parte del acuerdo, ¿no?" preguntó Gina con preocupación, "Las cosas podrían ponerse feas si se entera..."

"Quizás no hará falta."

Damien estaba a la vuelta de la esquina de la estación. No tendría que haberle pedido a Gina que lo hiciera. Ellos no lo sabían, pero él quería que la policía estuviera cerca por si los

moment. Gina's question had brought his father's words back to him: a half-truth is always more believable than a lie...

"No, Gina. I think he was telling the truth, the exact truth. He just left out one big chunk of it that could have incriminated someone in his organization. He knew a lot about the case; he had to in order to tell the truth so precisely. These 'trade secrets' of his are awfully accurate. Almost like."

"He had someone there..." Gina finished for him. "It's a shame you agreed not to look into cases he's involved in after that one exchange. In fact he probably did that on purpose."

"Damn him!" swore Damien, "I should have been more suspicious of a mobster giving so much information, even if I am his son."

"You're not going to break your side of the promise, are you?" Gina asked, concern in her voice, "That could be ugly if he finds out..."

"There might be a way I don't have to."

Damien was around the corner from the station. He shouldn't have asked her to do that. They didn't know about this, but he wanted the police nearby in case she needed them.

necesitaba.
Gina quería una oportunidad para redimir su error. Y por supuesto, como ya sabéis, la aprovechó. Se moría por impresionaros. Ahora quizás pueda.
El estridente 'pip-pip' de su mensaje despertó a Damien de su ensimismamiento y tormento de culpa. Era de Gina; '¡Acabo de ver un hombre que coincide con la descripción del camarero entrar en el orfanato! ¡Teníamos razón!'
Cuando se dieron cuenta de que Young tenía un topo en el club de Ivan, Damien pensó que el camarero era perfecto. Entre los dos, él y Gina, habían descubierto un motivo posible: si Viktor se había dado cuenta de que Rogers ya estaba muerto, especialmente antes de acuchillarlo, esto le daba al gremio de Ivan una ventaja sobre el de Young, ya que podrían amenazar con filtrarlo a la policía. Cuando el camarero infiltrado se enteró del plan de acuchillar a Rogers, habría sido demasiado tarde para pasar el mensaje al grupo de Young para sacar el veneno sin ponerse al descubierto. Por supuesto, Viktor podría haber acuchillado a Rogers antes de que el veneno hiciera efecto, pero no podía arriesgarse. No cuando iban a estar hablando durante un rato, Viktor preguntando por Adela

Gina wanted a chance to redeem herself after her mistake. Of course, and you knew that, you took advantage. She was dying to impress you. Now she might.
The shrill 'peep-peep' of his text tone shocked Damien out of his guilt-wracked reverie. It was from Gina – 'just saw a man matching the barman's description enter the orphanage! We were right!'
Once they figured Young must have had a mole at Ivan's, Damien liked the bartender for it. Between them, he and Gina had come up with the possible motive: If Viktor had realized that Rogers was already dead, particularly before stabbing him, it would give Ivan's syndicate leverage over Young's, as they could threaten to leak it to the police. When the planted bartender found out about the plan to stab Rogers, it must have been too late to get a message to Young's group to pull the poison without blowing his cover. Of course, Viktor could have always stabbed Rogers before the poison kicked in, but he couldn't take that chance. Not when they'd also likely be talking for a while, Viktor asking after Adela and what not. So the bartender

y demás. Así que el camarero había envenenado al portero para que, si se daba cuenta de que Rogers estaba muerto antes de acuchillarlo, no pudiera decírselo a nadie. Y si no lo hacía, bueno, era un miembro rival menos. Damien estaba enviando un mensaje: 'Gnial, ¡vte rpdo!', incluso intentaba usar las abreviaturas, cuando de pronto le llegó un mensaje de Gina. "¡Ayuda! ¡Vienen hacia el coche!" (Continuará)

slipped the doorman poison, so that if he did figure out that Rogers was dead before the knife he couldn't tell anybody. And if he didn't, well, it was one less member in a rival gang. Damien was in the process of texting — 'Gr8, get outta there quickly!', even attempting text-speak when he got another text from Gina. "Help! They're comin towards the car!" (to be continued)

* * *

Printed in Great Britain
by Amazon